어린이 명심보감

어린이 명심보감

2025년 3월 27일 발행

기획 | 청소년인성문고편찬회
글 | 김종상
그린이 | 김태란
교정교열 | 엄기원 김영이
편집진행 | 조정희 박찬옥
표지디자인 | 강대현
원색분해 | 테크미디어

펴낸이 | 조병철
펴낸곳 | 한국독서지도회
등록 | 1997년 4월 11일 (제406-2003-016호)
주소 | 경기도 고양시 일산동구 장대길 118 (장항동)
TEL | 031-908-8520
FAX | 031-908-8595
홈페이지 | www.homebook.kr

◆ 이 책 내용의 일부 또는 전부를 사용하려면 반드시
   저작권자의 동의를 얻어야 합니다.
◆ 책값은 뒤표지에 있습니다. 잘못된 책은 바꿔 드립니다.

ISBN 978-89-7788-281-2

어린이제품안전특별법에 의한 제품 표시
제조자명 한국독서지도회 | 제조년월 2016년 10월 | 제조국 대한민국 | 사용연령 8세 이상 어린이 제품
주소 및 연락처 경기도 고양시 일산동구 장항동 118 (031)908-8520

어린이 명심보감

김종상 엮음

머리말

마음을 밝혀주는 책

명심보감(明心寶鑑)은 글자의 뜻대로 '마음을 밝혀주는 보배로운 거울' 같은 책입니다. 즉 우리가 세상을 살아가는 데 길잡이가 되어 줄 만한 좋은 말을 골라 엮은 책입니다.

이 책은 고려왕조 제29대 충렬왕 때의 학자 추적(秋適) 선생이 옛 어른들의 훌륭한 귀감의 말씀을 골라 엮었다고 합니다.

그러나, 최근에 와 일부 학자들은 이 책의 저자가 중국 명나라 초기의 범입본(范立本)이란 학자가 편찬했다고 주장하고 있습니다.

이 책은 본래 계선편(繼善篇), 천명편(天命篇) 등 20편으로 되어 있던 것을 훗날 어떤 학자가 증보편(增補篇) 등 5편을 더 보충하였습니다.

명심보감의 글 내용은 너무 많고 또 어려운 것도 있어 여기서는 각 편마다 두세 가지 쉽고 가장 좋은 내용의 글을 추렸습니다.
　한자로 되어 있는 본문에는 한글 토를 달아 누구나 읽을 수 있도록 했으며, 그 편의 글과 관계되는 이야기를 곁들여 재미있게 읽고 이해하도록 엮었습니다.

　명심보감은 동화나 소설처럼 한 번 읽고 그냥 넘어가는 이야기책이 아닙니다. 옛 어른이 하신 말씀 하나 하나를 새기면서 나의 생활을 되돌아보는 지혜를 키워야 하겠습니다.
　물질적인 문명은 세월이 흐를수록 변해가지만, 사람답게 살아야 하는 정신적 도덕은 변하지 않는다는 것을 깨달을 수 있을 것입니다.

차례

한자와 함께 배우는 어린이 명심보감

계선편 1. 선행은 복을 낳고 · 12

천명편 2. 콩 심은 데 콩나니 · 20

순명편 3. 죽고 삶은 타고나니 · 28

효행편 4. 효자는 효자를 낳고 · 38

정기편 5. 몸도 마음도 바르게 · 44

안분편 6. 만족을 알면 즐거워 · 50

존심편 7. 마음의 고삐를 잡고 · 58

계성편 8. 낮추고 굽혀라 · 64

근학편 9. 배운 자는 곡식 같고 · 70

훈자편 10. 귀한 자식에게 매를 · 76

성심편(상) 11. 현재는 옛날의 거울 · 82

성심편(하) 12. 버려야 할 교만과 사치 · 88

明心寶鑑

입교편 13. 부지런함과 검소함 · 94

치정편 14. 관리의 바른 자세 · 102

치가편 15. 화목은 만사를 이루네 · 110

안의편 16. 형제는 손발과 같으니 · 116

준례편 17. 바른 행동과 마음가짐 · 122

언어편 18. 말은 혀를 베는 칼 · 128

교우편 19. 좋은 벗은 값진 재산 · 134

부행편 20. 결혼한 여자의 행실 · 140

증보편 21. 작은 선행의 아름다움 · 146

팔반가 22. 비교할 수 없는 은혜 · 152

효행편 23. 살을 베어 바친 아들 · 160

염의편 24. 염치와 의리 · 166

권학편 25. 작은 물이 강을 이루니 · 174

계선편

꾸준히 선을 행하라는 가르침

1. 선행은 복을 낳고

❶ 子曰 爲善者는 天報之以福하고 爲不善者는 天報之以禍니라.
　자왈 위선자　천보지이복　　위불선자　천보지이화

❷ 莊子曰 一日不念善이면 諸惡이 皆自起니라.
　장자왈 일일불념선　　제악　개자기

❸ 太公이 曰 見善如渴하고 聞惡如聾하라. 又曰 善事란 須貪하고
　태공　왈 견선여갈　　문악여롱　　우왈 선사　수탐
惡事란 莫樂하라.
악사　막락

司馬溫公이 曰 積金以遺子孫이라도 未必 子孫이 能盡守요
사마온공　왈 적금이유자손　　　미필 자손　능진수
積書以遺子孫이라도 未必 子孫이 能盡讀이니
적서이유자손　　미필 자손　능진독
不如 積陰德於冥冥之中하여 以爲子孫之計也니라.
불여 적음덕어명명지중　　　이위자손지계야

❹ 景行錄에 曰 恩義를 廣施하라. 人生何處不相逢이니 讐怨을 莫結하라.
　경행록에 왈 은의　광시　　인생하처불상봉　　수원　막결
路逢 狹處면 難回避니라.
노봉 협처　난회피

 왜 착하게 살아야 할까

공자가 말하였다. "착한 일을 하는 사람에게는 하늘이 복을 주시고, 악한 일을 하는 사람에게는 하늘이 재앙을 주시느니라."

장자가 말하였다. "하루라도 착한 일을 생각하지 않으면 모든 악한 것이 저절로 일어나느니라."

태공이 말하였다. "착한 일을 보거든 목마를 때 물 본 듯이 주저하지 말며, 악한 것을 듣거든 귀머거리같이 하라." 또 "착한 일은 모름지기 탐내야 하며, 악한 일은 즐겨하지 말라."

사마온공이 말하였다. "돈을 모아 자손에게 넘겨 준다 하여도 자손이 반드시 다 지킨다고 볼 수 없으며, 책을 모아서 자손에게 남겨 준다 하여도 자손이 반드시 다 읽는다고 볼 수 없다. 남모르는 가운데 덕을 쌓아서 자손을 위한 계교를 하느니만 같지 못하느니라."

경행록에 말하였다. "은혜와 의리를 널리 베풀라. 인생이 어느 곳에서든지 서로 만나지 않으랴? 원수와 원한을 맺지 말라. 길 좁은 곳에서 만나면 피하기 어려우니라."

- 화(禍) : 재앙(인간의 힘으로는 어쩔 수 없는, 자연으로 말미암은 불행이나 변고).
- 광시(廣施) : 널리 베풀다.
- 수원(讐怨) : 원수에 대한 원한.
- 악사(惡事) : 나쁜 일.

계선편

착할 **선**

하늘 **천**

갚을 **보**

복 **복**

 한자의 뜻과 소리

善(착할 **선**)　　天(하늘 **천**)　　報(갚을 **보**)　　福(복 **복**)
禍(재앙 **화**)　　惡(악할 **악**)　　積(쌓을 **적**)　　金(쇠 **금**)
遺(남길 **유**)　　孫(자손 **손**)　　盡(다할 **진**)　　守(지킬 **수**)
義(옳을 **의**)　　書(책 **서**)　　　恩(은혜 **은**)　　廣(넓을 **광**)
施(베풀 **시**)　　生(날 **생**)　　　相(서로 **상**)　　逢(만날 **봉**)
讐(원수 **수**)　　怨(원수 **원**)　　莫(없을 **막**)　　結(맺을 **결**)
路(길 **로**)　　　狹(좁을 **협**)　　難(어려울 **난**)　避(피할 **피**)

 참고자료

1 공자: 중국 춘추 시대 노나라에서 태어난 동양 최고의 학자로 유교를 처음으로 열었다. 이름은 구(丘), 자(字)는 중니(仲尼). 공자(孔子)라고 할 때의 '자(子)'는 존칭이다.

노나라의 창평향 추읍(현재의 산둥성)에서 하급 무사인 숙량흘(叔梁紇)과 그의 젊은 아내 안징재(顔徵在)와의 사이에 태어났다. 공자가 3세 때 아버지가 세상을 떠나 공자는 어려서부터 창고지기며 목부(牧夫) 노릇 등을 하면서 학문에 힘썼기 때문에 정해진 스승은 없었다.

52세 때 중도의 수령이 되고 54세에 오늘날의 법무대신이 되어 나라의 실권을 쥐고 흔들던 3환 세력(계손·숙손·맹손)을 없애려다 실패한 후, 14년간 여러 나라를 떠돌다 69세에 노나라로 돌아와 제자 교육에만 전념했다. 그 제자가 3천 명에 이르고, 공자가 죽은 후 제자들이 그의 어록을 모아 《논어》를 편찬했다.

2 장자: 중국 전국 시대 사상가로 성은 장(莊), 이름은 주(周)이다.

송나라의 몽(蒙;하남성 상구현) 출신으로, 칠원의 말단 관리가 된 적이 있을 뿐 대개는 자유로운 생활을 했다. 제자백가 가운데 도가의 대표자이다.

③ 태공 : 강태공의 본명은 여상이며 성은 강, 이름이 상이다. 80세가 다 되도록 거의 글공부와 낚시에만 열중하다 위수가에 사냥 나온 주나라 문왕과 만났다. 태공의 학식에 놀란 문왕은 태공을 군사로 맞이했고, 이후 태공은 주변의 제후국을 정벌하고 북방의 강력한 세력인 숭후호를 격멸하여 풍읍에 새 도읍을 건설하는 데 기여했다.

문왕이 죽은 뒤에는 문왕의 아들 무왕을 도와 은나라를 멸망시켜 그 공으로 산동 일대의 땅을 분봉받고 제나라의 제후가 되었다.

④ 경행록 : 송나라 때 나온 책이름

禍 재앙 화
禍
惡 악할 악
惡
積 쌓을 적
積
金 쇠 금
金

읽기자료

선행이 주는 기쁨

어른들은 늘 우리들에게 착한 사람이 되라고 합니다. 공자님도 착한 사람에게는 하늘이 복을 내리고, 악한 사람에게는 재앙을 내린다고 했습니다. 이 말은 내 마음대로 내 욕심대로 살면 안 된다는 말이겠지요. 즉 착하게 선하게 살기 위해 애쓰고 노력해야 한다는 뜻이지요.

그럼, 착한 것 다시 말해 선이라고 하는 것은 무엇일까요?

텔레비전의 '동물의 왕국'에서 여러분은 사자가 어린 임팔라를 잡아먹을 때 어떤 생각을 합니까? 마음 속이 불끈거리며 화가 납니까? 그렇지는 않겠지요? 왜냐하면 힘센 동물이 저보다 약한 짐승을 잡아먹는 것은 자연스러운 일이니까요.

그런데 만일 힘센 어른이 어린 아이를 모질게 매질하는 장면을 보면 여러분의 마음은 어떠합니까? 아마도 괘씸한 생각이 부글부글 끓어오를 것입니다.

사람도 분명히 자연의 일부입니다. 사람이 모여 사는 사회에도 분명히 강한 자만이 살아 남을 수 있는 약육강식과 적자생존의 법칙은 있습니다. 그런데 힘센 짐승이 약한 짐승을 잡아먹는 것은 자연스럽게 생각하면서도, 사람의 경우에는 용서가 안 됩니다.

대체 그 이유가 무엇일까요? 그것은 사람에게는 다른 동물 세계에서

는 찾아볼 수 없는 도덕이 있기 때문입니다. 그렇기 때문에 우리는 아무리 하고 싶은 일이라도 해야 할 것과 해서는 안 될 것을 가려서 행동하지 않으면 안 됩니다.

그렇다면 왜 우리는 마음이 원하는 것을 억제해야 할까요?

사람은 누구나 좋은 것을 갖고 싶어합니다. 그러나 사람은 무엇이 참으로 좋은 것인지를 분명히 알지 못하는 경우가 있습니다. 자신은 좋은 것을 한다고 하지만 자기에게든 남에게든 해가 되는 것만을 골라서 행동하는 사람이 종종 있습니다. 그렇기 때문에 우리는 늘 스스로의 행동을 돌아보고 반성해야 할 필요가 있습니다.

그렇다면 이러한 행동을 지배하는 것은 무엇일까요?

사람은 육체와 영혼을 가진 만물의 영장입니다. 영혼은 곧 마음입니다. 우리는 몸이 편안한데도 마음이 불안하거나, 몸은 고달파도 마음에 기쁨과 보람을 느낄 때가 있습니다. 이것은 우리가 좋고 나쁜 것을 느끼고 겪는 궁극적인 것이 몸이 아니라 마음이기 때문입니다. 그러니까 우리의 몸은 단순히 행동할 따름이고, 우리가 행동하고 원하는 마지막 최종점은 언제나 좋은 마음을 위한 것입니다.

마음의 건강과 마음의 기쁨 그리고 마음의 평화 즉, 한 마디로 마음이 좋은 상태, 기분이 좋은 상태로 되는 것이 바로 선이라고 할 수 있지 않을까요? 그리고 기분이 나쁜 상태 그것은 악이 되겠지요.

이렇게 나의 행동이 온전히 기분 좋은 상태일 때가 되면 그것은 다른 사람에게도 전달되지요. 가난한 이를 위해 내가 힘이 되어 주었을 때 상대가 고마워하고 기쁨을 누린다면 그것은 분명히 선한 일일 거예요.

　선이라는 것은 분명히 행동하는 나에게나 받는 사람에게나 기분 좋고 즐거운 일입니다.

　테레사 수녀는 편안하고 행복한 생활을 버리고 인도의 가난한 빈민촌에 들어가 어려운 이들을 위해 봉사하였어요. 그분은 평생을 오로지 하느님의 말씀을 따라 사랑의 마음으로 가난하고 병든 사람들을 위해 일하다 돌아가셨습니다.

　테레사 수녀가 이처럼 평생토록 사랑과 봉사의 삶을 살 수 있었던 것은 그것이 마음의 기쁨이고 기분 좋은 일이었기 때문입니다. 뿐만 아니라, 그의 이러한 삶은 많은 이들의 가슴에도 기쁨과 사랑을 불러일으켰지요.

　나에게 기쁨이 되고 남에게도 기쁨을 안겨 주는 선한 행동이 여기저기서 꽃피울 때 이 세상은 더욱 아름답고 살 만한 세상이 되지 않을까요?

생각해보기

1. 착한 일을 하면 왜 기분이 좋아지는지 말해 봅시다.

2. 나쁜 짓을 하면 어떤 기분이 들까요? 또, 그 이유가 무엇인지 말해 봅시다.

천명편

하늘의 뜻을 따르라는 가르침

2. 콩 심은 데 콩 나니

孟子曰 順天者는 存하고 逆天者는 亡하느니라.
맹자왈 순천자   존   역천자   망

子曰 獲罪於天이면 無所禱也니라.
자왈 획죄어천   무소도야

種瓜得瓜요 種豆得豆니 天網이 恢恢하여 疎而不漏니라.
종과득과   종두득두   천망   회회   소이불루

玄帝垂訓에 曰
현제수훈   왈

人間私語에도 天聽은 若雷하고
인간사어   천청   약뢰

暗室欺心이라도 神目은 如電이니라.
암실기심   신목   여전

　맹자가 말하였다. "하늘의 명(命)에 따르는 자는 살고, 하늘의 명을 거역하는 자는 망하느니라."

　공자가 말하였다. [1]"못된 짓을 하여 하늘에 죄를 얻으면 빌 곳이 없느니라."

　오이를 심으면 오이를 얻고 콩을 심으면 콩을 거두니, 하늘 그물이 넓고 넓어서 듬성듬성한 것 같지만 새지 않느니라.

　현제수훈에 말하였다. "인간의 사사로운 말이라도 하늘이 듣는 것은 천둥과 같고, 어두운 방에서 마음을 속일지라도 귀신이 보는 것은 번개같으니라."

- 천명(天命):자연의 섭리를 따르는 일.
- 순천자(順天者):하늘의 뜻에 순종하는 사람.
- 역천자(逆天者):하늘의 뜻을 거역하는 사람.
- 천망(天網):하늘 그물.
- 사어(私語):사사로운 말.

한자의 뜻과 소리

孟(맏 **맹**)　　曰(가로 **왈**)　　順(순할 **순**)　　者(놈 **자**)
存(있을 **존**)　　逆(거스를 **역**)　　亡(망할 **망**)　　獲(얻을 **획**)
罪(허물 **죄**)　　恢(넓을 **회**)　　於(어조사 **어**)　　無(없을 **무**)
所(바 **소**)　　暗(어두울 **암**)　　瓜(오이 **과**)　　種(씨 **종**)
得(얻을 **득**)　　豆(콩 **두**)　　網(그물 **망**)　　也(어조사 **야**)
疎(트일 **소**)　　而(말 이을 **이**)　　漏(샐 **루(누)**)　　禱(빌 **도**)
垂(드리울 **수**)　　雷(우레 **뢰**)　　欺(속일 **기**)　　聽(들을 **청**)
不(아니 **불(부)**)

참고자료

1 맹자(孟子) : 중국 전국 시대의 대학자이다. 맹자가 쓴 《맹자(孟子)》는 유교 사상을 담은 중요한 책으로 전해 내려오고 있다. 앞의 가르침은 맹자가 쓴 책에 나오는 말인데, 사람은 하늘의 명령 즉 자연의 섭리를 거역해서는 살 수 없음을 가르치고 있다.

보충설명

1. 공자의 《논어》 계씨편(季氏篇)에 나오는 말이다. 사람에게 죄를 지으면 잘못을 빌 수 있으나, 하늘에 죄를 지으면 빌 곳이 없다. 그러므로 하늘이 용서하지 못할 죄를 지으면 안 된다는 뜻이다.
한자의 '罪(허물 죄)' 자는 四+非로 이루어져 있다. 즉 죄란 '큰 잘못'을 의미한다. 그러므로 동서남북 사방(四)에 물어 보아도 옳지 않다(非)고 말하는 것, 그것이 허물이라고 한다.

술이 되어 나오는 샘

 옛날 옛날 아주 오랜 옛날, 강원도 영월 땅에 홀시아버지를 모시고 살아가는 착한 며느리가 있었대요.
 새댁이 시집온 지 1년도 못 되어 신랑이 그만 몹쓸 병에 걸려 죽었어요. 슬하에 아기도 하나 두지 못하고 죽었으니 얼마나 안타까운 일입니까?
 시아버지는 며느리를 불러 놓고,
 "새아가야, 얼른 친정으로 돌아가거라. 아직 스무 살도 안 된 꽃다운 나이에 지아비를 잃었으니 어찌 여기서 그냥 살겠느냐? 더구나 아기도 낳지 않은 몸이니 어서 돌아가거라."
 이렇게 말했어요.
 "아버님, 저는 아니 가겠습니다. 한평생 아버님 모시고 살아가겠습니다."
 "네 뜻은 고맙다만, 안 된다. 더 늦기 전에 어서 다른 곳으로 시집을 가거라. 내 걱정 말고……."
 "아니옵니다. 이 댁에 시집온 몸이니 여기를 떠나지 않겠어요."
 착한 며느리는 시아버지의 간곡한 부탁도 마다하고 시

無 없을 무
所 바 소
豆 콩 두
不 아니 불

댁을 떠나지 않았어요.

 집안이 몹시 가난하여 늙은 시아버지와 젊은 며느리는 남의 집 일을 해 주고 겨우겨우 입에 풀칠을 하며 살아갔어요.

 그러던 어느 날, 갑자기 시아버지마저 병환으로 자리에 눕고 말았어요. 그러자 착한 며느리는 온갖 정성을 다해 시아버지의 병 간호를 해 드렸어요.

 "아버님, 일어나 약을 드십시오."

"얘야, 집안에 땅 한 마지기 없는 형편에 무슨 약이냐?"
시아버지는 며느리가 달여 주는 약을 마시기가 미안했어요.
"아버님, 병환으로 몸이 몹시 쇠약해지신 것 같습니다. 뭐 드시고 싶은 음식이라도……."
"얘야, 지금은 시원한 막걸리나 한 사발 마시고 싶구나."
이 말을 듣고 며느리는 시집올 때 해 가지고 온 패물을 팔아 시아버지께 약주를 사다 드렸어요.
병석에서 일어나 술을 벌컥벌컥 들이킨 시아버지는 거짓말처럼 병이 나았어요.
며느리는 몸에 지니고 있던 값진 패물을 모두 팔아 시아버지께 약주를 대접했지만, 술로 나은 병이라 술 기운만 떨어지면 시아버지는 또다시 자리에 눕고 말았어요. 착한 며느리는 마지막으로 자기의 긴 머리까지 잘라 팔아서 시아버지께 술을 사다 드렸어요.
술 기운으로 지탱하던 시아버지는 자리에 누우면서 다시,
"술, 술, 술을 좀 다오."
하고 헛소리를 하는 것이었어요. 며느리는 더 이상 팔 물건도 없고 시아버지께 술을 사 드릴 수도 없게 되었어요.
보름달이 휘영청 밝은 밤에 며느리는 뒤뜰 늙은 감나무 밑에 정화수를 떠 놓고 절을 하며 신령님께 빌었어요.
"천지 신명께 비나이다. 저희 시아버님 병환을 고쳐 주시옵소서. 제가 가진 모든 것을 다 팔아 시아버님 약을 지어 드려서 이제는 가진

것이라곤 아무것도 없습니다. 제발 신령님께서 굽어 살펴 주시옵소서."

착한 며느리는 이렇게 엎드려 빌다가 자기도 모르게 홀연히 잠이 들었어요.

그 때 며느리의 꿈 속에 머리와 수염이 하얀 신령님이 나타났어요.
"허허, 너는 이 세상에 보기 드문 효부로구나. 너의 정성이 지극하여 내가 네 시아버지의 병을 고쳐 주겠다. 지금 곧 일어나 뒷산 범골 깊은 골짜기로 가면 옹달샘이 있을 것이다. 그 물을 길어다가 아버님께 드리도록 해라."

깜짝 놀라 잠에서 깨어난 며느리는 그 길로 물동이를 이고 신령님이 가르쳐 준 옹달샘을 찾아갔어요.

'아, 신령님께서 가르쳐 주신 샘물이구나!'

며느리는 너무너무 기뻐하면서 그 옹달샘 물을 한 동이 길어 가지고 돌아왔어요. 그리고 그 시원한 샘물 한 그릇을 떠다 시아버지께 드렸어요.

"아버님, 이 샘물을 드십시오."

시아버지는 샘물 한 대접을 단숨에 마셨어요. 그런데 그건 샘물이 아니라 술이 아니겠어요?

"애, 며늘아가! 이건 샘물이 아니라 술이로구나! 내 생전에 이렇게 맛 좋은 술을 처음 먹는구나."

시아버지는 그 이상한 샘물을 마신 날부터 자리에서 일어나 기운을

되찾고 열심히 일을 하게 되었어요.

 산신령이 알려 준 그 샘물이 이 노인에게는 술이 되어 주는 것이었어요. 효성이 지극한 며느리와 늙은 시아버지는 오래오래 행복하게 살았대요.

 지금 강원도 영월에 주천(酒泉)이란 고장이 있어요. 이름이 '술 주' 자 '샘 천' 자 '주천'이라고 부르는 이 고장 이름의 유래는 이렇게 해서 생겼다고 합니다.

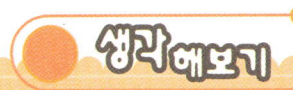 

1. '하늘의 뜻'이란 어떤 의미를 말하나요?

2. 우리의 행동을 하늘은 다 알고 있다는 생각을 해 봅시다.

순명편
자연의 순리에 따르라는 가르침

3. 죽고 삶은 타고나니

子夏曰 死生이 有命이요, 富貴在天이니라.
자하왈 사생   유명   부귀재천

景行錄云 禍不可倖免이요, 福不可再求니라.
경행록운 화불가행면   복불가재구

列子曰 癡聾痼啞도 家豪富요, 智慧聰明도 却受貧이라.
열자왈 치롱음아   가호부   지혜총명   각수빈

年月日時 該載定하니 算來由命不由人이니라.
년월일시 해재정   산래유명불유인

운명에 따라야 하는 까닭

자하가 말하였다. "죽고 사는 것은 타고난 명(命)에 달려 있고, 부하고 귀한 것은 하늘에 달려 있느니라."

경행록에서 말했다. "화(禍)는 요행으로 면할 수 없고, 복(福)은 두 번 다시 구할 수 없느니라."

열자가 말하였다. "어리석은 사람, 귀머거리, 벙어리도 호화로운 집에서 살 수 있고, 똑똑하고 잘난 사람도 도리어 가난하게 사느니라. 사람의 운명은 태어난 해, 달, 날, 시에 모두 정해져 있나니, 따져 보면 운명에 말미암은 것이지 사람에 연유됨이 아니니라."

- 행면(倖免): 요행히 면함.
- 부귀(富貴): 재산이 많고 지위가 높음. 반 빈천(貧賤)
- 사생(死生): 죽고 삶, 살고 죽음.
- 화(禍): 재화, 재앙, 좋지 않은 일.
- 복(福): 행복, 기쁘고 좋은 일.

列 벌릴 열
列
生 날 생
生
行 갈 행
行
可 옳을 가
可

한자의 뜻과 소리

夏(여름 하)　　死(죽을 사)　　生(날 생)　　有(있을 유)
景(볕 경)　　　富(부유할 부)　貴(귀할 귀)　在(있을 재)
行(갈 행)　　　再(두 재)　　　錄(기록할 록)　云(이를 운)
可(옳을 가)　　倖(요행 행)　　免(면할 면)　求(구할 구)
列(벌릴 열(렬))　寢(잠잘 침)　　啞(벙어리 아)　豪(호걸 호)
智(지혜 지)　　聰(귀밝을 총)　明(밝을 명)　却(물리칠 각)
受(받을 수)　　貧(가난할 빈)　時(때 시)　　該(그 해)
載(실을 재)　　定(정할 정)　　算(셀 산)　　來(올 래(내))
慧(슬기로울 혜)　由(말미암을 유)　籠(대그릇 롱(농))

보충설명

1. 죽고 사는 것은 타고난 운명이며, 부하고 귀한 것은 하늘의 뜻에 달려 있다는 뜻이다. 이 말은 ≪논어≫의 안연편(顔淵篇)에 나오는 자하의 말이다.

2. 우리에게 닥쳐오는 환란은 요행수로 피할 수 없으며, 하늘이 내리는 복을 놓치면 다시 구해도 소용없다. 그러므로 사람은 자연과 세상의 순리대로 살아야 한다는 뜻이다.

3. 세상에는 똑똑하고 잘 생긴 사람만 행복하게 살고, 못 생기거나 가난한 사람은 불행하게 살 것 같지만 그렇지 않다는 것을 가리키고 있다. 이 글에 나오는 '태어난 해〔年〕, 달〔月〕, 날〔日〕, 시〔時〕'를 사주 팔자(四柱八字)라고 하는데, 이것은 하늘이 정해 준 그 사람의 운명이기도 하다. 그러므로 키 큰 사람, 키 작은 사람, 잘 생긴 사람, 못 생긴 사람 모두가 그 나름대로 행복하게 열심히 살아야 한다는 뜻이다.

임금님과 구둣방 영감

옛날에 어진 임금님이 있었습니다.

그 임금님은 늘 백성들의 어려움과 아픔을 살피기 위하여 옷을 갈아입고 여기저기 돌아다니기를 좋아하였습니다.

임금님은 가난한 사람, 땀 흘리며 열심히 일하는 사람, 병든 사람 등을 보면 안타깝게 여기곤 했습니다.

어느 날 농부 옷차림을 한 임금님은 거리를 돌아다니다가 주막에 들러 술 마시는 사람들의 이야기에 귀를 기울였습니다.

"올해는 날이 너무 가물어 큰 걱정이야."

"글쎄, 농사가 풍년 들어야 먹고 살 수 있을 텐데……."

"배고픈 백성들이 많다는데……."

임금님은 이 말을 들으니 가슴이 아팠습니다.

'저 백성들 입에서 살기 좋다는 말이 나와야 내 마음이 편하련만.'

이렇게 생각한 임금님은 다시 거리로 나왔습니다. 모든 사람들이 열심히 일을 하고 있었습니다. 수레를 끄는 노인도 있고, 닭에게 모이를 주는 아낙네도 있고, 양에게

풀을 뜯기는 어린아이도 있었습니다.

　임금님은 어떤 초라한 구둣방 앞에 이르렀습니다.

"수고가 많으시군요, 영감님."

　농부 차림을 한 임금님은 구둣방 영감 앞에 앉아 말을 걸었습니다. 그런데 구두를 고치는 영감님은 불만스러운 말투로 대답하는 것이었습니다.

"입에 풀칠을 하자니 별 수 있소? 이 못된 놈의 팔자!"

"하기야, 일하지 않고 잘 사는 사람이 어디 있겠소?"

이 말에 구둣방 영감이 빙긋 웃었습니다.

"있지요. 딱 한 사람!"

"그게 누구요?"

임금님은 호기심이 생겨 물어 보았습니다.

"누구긴 누구겠소? 이 나라 임금님이지요. 높고 깊은 대궐 안에서 임금님이 하는 일이 뭐가 있겠소. 좋은 옷 입고 호강만 하지요."

"아, 정말 그럴 법도 하네요. 임금이라……."

임금님은 가슴이 뜨끔하였습니다.

임금님은 잠시 뒤 다시 입을 열었습니다.

"영감님, 저하고 술이나 한 잔 합시다. 저도 목이 마른데 함께 가시지요."

"그러지요. 이거 미안해서……."

구둣방 영감과 임금님은 가까운 주막집으로 들어갔습니다.

임금님과 구둣방 영감은 마주 앉아 술을 마셨습니다.
"자, 술맛도 좋습니다. 많이 드시지요."
"아, 이거 취하는데."
"술이야 취하라고 마시는 거 아니겠습니까? 자 주모! 술 좀 더 가져오시오."
임금님은 일부러 구둣방 영감에게 술을 자꾸 마시게 하였습니다. 몸을 가눌 수도 없게 술을 마신 영감은 너무 취하여 마룻바닥에 쓰러져 버렸습니다.
임금님은 술값을 치른 뒤, 곧 대궐로 돌아와 신하를 불렀습니다.
"대궐 밖 주막집에 가면 술에 취해 누워 있는 영감이 있을 것이다. 그 영감이 깨지 않도록 조심해서 업어 오도록 하여라."
신하는 힘센 장사를 데리고 나가 술에 취해 잠들어 있는 구둣방 영감을 업고 대궐로 돌아왔습니다.
"이 영감을 곧 내 거처로 옮기도록 하라!"
"예? 임금님 거처로 말씀이옵니까?"
아무 영문도 모르는 신하는 영감님을 다시 임금님 방으로 옮겨다 뉘었습니다.
임금님은 구둣방 영감의 옷을 몰래 벗기고 임금님의 옷으로 갈아입혔습니다. 그런 다음 왕관까지 씌워 임금님이 앉는 의자에 기대 앉혀 놓았습니다.
다음 날 아침, 구둣방 영감은 술에서 깨어나 정신을 차렸습니다.

"아니, 내가 임금님의 옷차림이라니? 이게 어찌 된 일인가?"
깜짝 놀란 영감은 어찌할 바를 몰랐습니다.
이 때 밖에서 인기척이 나더니 대신 한 사람이 무슨 서류를 가지고 나타나는 것이 아니겠어요?
"대왕 마마, 이 세금 문서를 살펴보아 주십시오."
대신은 문서를 공손히 내밀었습니다.
'나보고 대왕 마마라고? 내가 정말 임금이 되었단 말인가?'
구둣방 영감은 정신이 아찔해졌습니다. 이게 꿈인지 생시인지 도무지 모를 일이었습니다. 그런데 무엇보다도 글씨를 모르는 무식한 영감인지라 어찌할 수가 없었습니다.
영감은 서류를 펴보는 체하다가 대신에게 돌려 주면서 말했습니다.
"아, 알아서 잘 처리하도록 하시오."
"예, 알겠습니다. 대왕 마마."
한 대신이 나가자, 또 다른 대신이 들어왔습니다.
"마마, 이 문서는 외교에 관계되는 문서이옵니다. 결재를……."
"아…… 알았소. 그대가 잘 처리하시오. 난 머리가 좀 아파서……."
그 대신이 나가자, 또 한 대신이 문서를 가지고 들어와 공손히 내미는 것이었습니다.
구둣방 영감은 짜증이 날 지경이었습니다.
영감이 머리가 아프다고 하자, 잠시 뒤 의사가 나타났습니다.
"마마, 몸이 많이 야위셨습니다. 이러다가는 큰 병이 나겠습니다."

의사는 여기저기 마구 침을 놓는 것이었습니다.

'이거 내가 꿈을 꾸는 건가? 진짜 임금이 된 것인가?'

구둣방 영감은 울상이 되어 잠을 못 이루었습니다.

그 때 예쁜 궁녀가 술상을 차려 들고 들어왔습니다. 아주 독한 술이었습니다.

"마마, 피곤하신 것 같사온데 술을 한 잔 드시옵소서."

영감은 궁녀가 따라 주는 술을 마셨습니다. 술맛이 참 좋았습니다.

"술을 또 따르라."

구둣방 영감은 술을 잔뜩 마시고 취해서 쓰러졌습니다.

이 때 임금님이 나타나 영감의 옷을 벗기고 다시 원래 입고 있던 옷을 입혔습니다. 그리고 사람을 시켜 대궐 밖 구둣방에다 옮겨뉘어 놓도록 하였습니다.

임금님은 다음 날, 농부의 옷차림을 하고 다시 그 구둣방으로 찾아갔습니다.

임금님은 시치미를 떼고 영감에게 말을 걸었습니다.

"영감님, 며칠 사이에 몸이 많이 야위셨군요. 무슨 일이라도 있었습니까?"

"말도 마시오. 요전에 형씨가 사 준 그 술을 마시고 취해서 며칠 동안 임금님이 된 꿈만 꾸었더니 이 모양이 되었소."

"그래요? 놀고 먹으며 호강만 한다는 임금님 노릇을 하셨다니 기분이 참 좋았겠습니다그려."

이 말을 들은 구둣방 영감은 손을 내저으며 이렇게 말하였습니다.
"에이, 말도 마슈. 난 이제 억만금을 준대도 임금 노릇은 안 하겠소. 남 보기엔 좋아도 이 구둣방 수선하는 나보다 못하더군요. 도무지 잠시도 편히 쉴 새가 없어요."
임금님은 빙그레 웃으며 또 한 마디 물었습니다.
"영감님, 임금님도 하는 일이 많은 모양이지요?"
"그럼요, 임금님이 하는 일이 한두 가지가 아닙디다."
"역지사지, 바꾸어 놓고 생각해 볼 필요가 있군요."
농부 차림을 한 진짜 임금님은 이렇게 말하면서 흐뭇한 마음으로 돌아서는 것이었습니다.

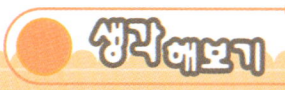

1. 운명이란 무엇일까요? 생각나는 대로 적어 보세요.
   (200자 원고지 2장 이내)

2. 이 이야기에서 임금님이 백성들의 어려움을 살피기 위해 어떻게 했는지 이야기해 봅시다.

효행편
부모에게
효도하라는 가르침

4. 효자는 효자를 낳고

詩曰 父兮生我하시고 母兮鞠我하시니 哀哀父母여 生我劬勞셨다.
시왈 부혜생아　　　모혜국아　　　애애부모　생구로

欲報之德인댄 昊天罔極이로다.
욕보지덕　　호천망극

子曰 孝子之事親也에 居則致其敬하고 養則致其樂하고
자왈 효자지사친야　거즉치기경　　양즉치기락

病則致其憂하고 喪則致其哀하고 祭則致其嚴하니라.
병즉치기우　　상즉치기애　　제즉치기엄

孝順은 還生孝順子요, 五逆은 還生五逆兒하나니 不信여든
효순　환생효순자　　오역　환생오역아　　불신

但看簷頭水하라. 點點滴滴不差移니라.
단간첨두수　　점점적적불차이

 왜 부모님께 효도해야 하는가

　≪시경(詩經)≫에서 말했다.[1] "아버지 나를 낳으시고 어머니 나를 기르셨으니 아, 부모님! 나를 이렇게 키우시느라 애쓰셨습니다. 그 넓고 깊은 부모님 은혜 하늘을 다한들 어찌 갚으오리까."

　공자가 말하였다. "효자는 부모님을 섬길 때 이렇게 해야 한다. 평소 생활에서는 공경을 다하고, 봉양할 때는 기쁨을 다하고, 부모님이 편찮을 때는 근심을 다하고, 부모님이 돌아가시면 슬픔을 다하고, 부모님께 제사를 올릴 때는 엄숙해야 하느니라.

　[2]부모에게 효도하고 순종하는 사람은 또한 효도하고 순종하는 자식을 낳고, 부모에게 거역하는 사람은 또한 불효막심한 자식을 낳는다. 믿지 못하겠거든 처마 끝에 낙숫물을 보아라. 방울방울 떨어지는 것이 조금도 어긋남이 없느니라."

- 호천망극(昊天罔極): 하늘처럼 끝이 없음.
- 효순(孝順): 부모님께 효도하고 순종함.
- 환생(還生): 다시 살아남.
- 오역(五逆): 다섯 가지 거역함. 즉 모든 것을 거역함.
- 불신(不信): 믿지 못함.

아비 부

어미 모

슬플 애

갈 지

한자의 뜻과 소리

詩(시 시)　　父(아비 부)　　我(나 아)　　鞠(공 국)
哀(슬플 애)　勞(일할 로)　報(갚을 보)　德(덕 덕)
極(다할 극)　親(친할 친)　居(있을 거)　致(보낼 치)
其(그 기)　　敬(공경할 경)　養(기를 양)　病(병 병)
憂(근심할 우)　喪(죽을 상)　祭(제사 제)　嚴(엄할 엄)
還(돌아올 환)　昈(밝을 오)　逆(거스를 역)　點(점 점)
兒(아이 아)　信(믿을 신)　但(다만 단)　看(볼 간)
頭(머리 두)　滴(물방울 적)　差(어긋날 차)　移(옮길 이)
欲(하고자 할 욕)　樂(즐길 락, 풍류 악, 좋아할 요)

보충설명

1. 중국의 사서삼경(四書三經)이란 중요한 책 중에 ≪시경≫에 나오는 글이다.

2. 우리 속담에 '콩 심은 데 콩 나고 팥 심은 데 팥 난다' 는 말이 있다. 또 '심은 대로 거둔다' 는 말도 있다.

　요즘 우리 나라의 어린이나 청소년들은 부모님께 효도하는 일보다 부모로부터 온갖 것을 받기만 하고, 조금 부족하거나 섭섭한 일이 있으면 부모님을 원망하는 일이 많다고 한다. 스스로 반성해야 할 일이다. 못 나고 어리석은 사람이 부모를 원망하고 남을 원망한다는 뜻이다.

어머니를 위해 쓴 소설

조선의 숙종 임금 때 서포 김만중이란 학자가 있었습니다. 그 때까지 우리 나라에는 전해 내려오는 옛날 이야기는 많았으나, 작가가 직접 쓴 소설은 거의 없었지요. 그런데 김만중은 ≪구운몽≫이라는 소설을, 그것도 우리글인 한글로 썼습니다.

김만중이 이 소설을 쓰게 된 데는 남다른 사연이 있었습니다. 김만중은 어머니 뱃속에서 태어나기도 전에 아버지가 돌아가셔서, 어려서부터 어머니에게서 글을 배웠습니다. 자라서 과거에 급제한 그는 벼슬길에 올라 고을 수령도 하고 암행어사도 한 뒤, 나중엔 학자로서는 최고의 지위인 대제학이란 자리에까지 올랐습니다.

그러나 다른 사람의 모함으로 임금님의 노여움을 사 멀리 남해로 귀양을 가게 되었습니다.

어머니는 귀양을 떠나게 된 아들이 자신을 걱정할까 봐 조금도 슬픈 기색을 띠지 않고,

"만중아, 내 걱정은 말고 떠나거라. 누가 뭐래도 이 어미는 너의 떳떳함을 믿는다. 상감께서도 언젠가는 오해를 풀고 용서하실 것이야."

孝 효도 효
孝
其 그 기
其
樂 즐길 락
樂
信 믿을 신
信

하고 귀양 가는 아들을 위로했습니다.

　효성이 지극한 김만중은 외로운 귀양지에서 자나깨나 고향의 어머니를 생각하다가, 평소 어머니가 이야기를 좋아하시므로 어머니를 위해 소설을 쓰기로 결심했습니다.

　몇 달을 머릿속으로 구상한 뒤 그는 마침내 붓을 들었습니다.

　'연세 많으신 어머니께서 눈도 점점 어두워지시니 읽기 쉽게 우리 한글로 써야지.'

　김만중은 창호지로 책을 매어 한 자 한 자 써 내려갔습니다. 그것이 바로 그 유명한 ≪구운몽≫이란 소설이 된 것이지요.
 그는 이 소설을 편지와 더불어 조금씩 조금씩 어머니께 보내 드렸습니다. 마치 월간지의 연재 소설처럼 말입니다.
 어머니는 아들이 재미있게 써서 보내 주는 소설을 읽으면서, '다음 이야기가 어떻게 이어질까?' 하는 기다림 속에서 세월 가는 줄 몰랐습니다.
 이렇게 3년이란 세월이 흘러 소설도 마치게 되었고, 김만중은 귀양에서 풀려나게 되었다고 합니다.

1. 내가 부모님께 할 수 있는 효도는 어떤 일인지 생각해 봅시다.
2. 옛날과 오늘날의 효도 방법이 달라졌다면 어떻게 다른지 말해 봅시다.

성기편
자신의 몸가짐을
바르게 하라는 가르침

5. 몸도 마음도 바르게

性理書云 見人之善이어든 而尋己之善하고 見人之惡이어든
성리서운 견인지선   이심기지선   견인지악
而尋己之惡이니 如此라야 方是有益이니라.
이심기지악   여차   방시유익

太公曰 勿以貴己而賤人하고 勿以自大而蔑小하고
태공왈 물이귀기이천인   물이자대이멸소
勿而恃勇而輕敵이니라.
물이시용이경적

近思錄云 懲忿을 如救火하고 窒慾을 如防水하라.
근사록운 징분   여구화   질욕   여방수

耳不聞人之非하고 目不視人之短하고 口不言人之過라야 庶幾君子니라.
이불문인지비   목불시인지단   구불언인지과   서기군자

≪성리서≫에서 말하였다. "남의 선한 것을 보거든 나의 행동에서 선한 것을 찾고, 남의 악한 것을 보거든 나의 행동에서 악한 것을 찾을 것이니, 이와 같이 해야 유익함이 있느니라."

태공이 말하였다. "자기를 귀하게 여겨 남을 천하게 여기지 말고, 자기를 과시하여 작은 이를 업신여기지 말며, 용맹을 믿고 적을 가볍게 여기지 말지니라."

≪근사록≫에서 말하였다. "분(忿)을 다스리기를 불 끄듯이 하고, 욕심을 막기를 마치 물을 막듯이 하라."

귀로 남의 잘못을 듣지 않고, 눈으로 남의 단점을 보지 않고, 입으로 남의 허물을 말하지 않아야 군자라고 할 수 있느니라.

- 징분(懲忿) : 분노를 참음.
- 방수(防水) : 터진 물을 막음.
- 구화(救火) : 불을 끔.
- 천인(賤人) : 천한 사람.

성품 성

볼 견

사람 인

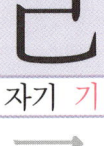

자기 기

 **한자의 뜻과 소리**

性(성품 성)　理(다스릴 리)　書(글 서)　云(이를 운)
見(볼 견)　而(말이을 이)　尋(찾을 심)　己(자기 기)
惡(악할 악)　如(같을 여)　君(임금 군)　方(모 방)
是(옳을 시)　益(더할 익)　太(클 태)　公(귀인 공)
勿(말 물)　以(써 이)　賤(천할 천)　恃(믿을 시)
勇(날쌜 용)　輕(가벼울 경)　敵(원수 적)　近(가까울 근)
思(생각 사)　懲(혼날 징)　忿(성낼 분)　救(구할 구)
窒(막을 질)　慾(욕심 욕)　防(둑 방)　問(물을 문)
非(아닐 비)　視(볼 시)　短(짧을 단)　過(지날 과)
庶(여러 서)　此(이 차)　幾(기미 기)
錄(기록할 록(녹))　蔑(업신여길 멸)

 **참고자료**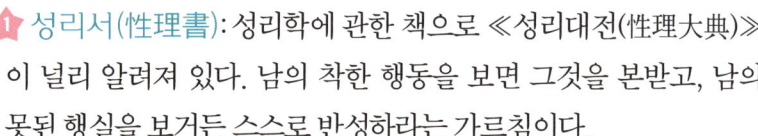

❶ **성리서(性理書)**: 성리학에 관한 책으로 ≪성리대전(性理大典)≫이 널리 알려져 있다. 남의 착한 행동을 보면 그것을 본받고, 남의 못된 행실을 보거든 스스로 반성하라는 가르침이다.

❷ **근사록(近思錄)**: 송나라 때 사람 주희(朱熹)와 여조겸(呂祖謙)이 함께 지은 책으로, 사람의 인격 수양에 필요한 내용을 담았다.

속담

◉ 발 없는 말이 천 리 간다.

사람의 입에서 나온 말은 금방 소문처럼 이 사람 저 사람을 거쳐 걷잡을 수 없게 퍼져 나간다는 뜻입니다.

그런데 이상한 것은 좋은 소문은 별로 퍼지지 않는데 나쁜 소문은 잘 퍼진다는 것입니다. 그러므로 한 번 잘못 말한 것이 남에게 엄청난 피해를 줄 수 있으므로 말이란 참으로 조심해야 합니다.

◉ 가루는 칠수록 고와지고, 말은 할수록 거칠어진다.

쌀이나 밀 같은 곡식을 빻아서 고운 체로 치면 칠수록 가루는 부드러워집니다. 그러나 말은 그 반대 현상이 나타납니다. 똑같은 말이라도 여러 사람의 입에 오르내리다 보면, 원래의 말에 군말이 덧붙여져 원래의 의미했던 것과는 다른 엉뚱한 말이 될 수도 있습니다.

즉, '어떤 사람이 방 안에서 방귀를 뀌었다.'고 하면 여러 사람을 거치는 동안에 나중에는, '그 사람이 방 안에서 바지에 똥을 쌌다.'는 식으로 전혀 의미가 다른 말이 되는 경우도 있다는 말입니다.

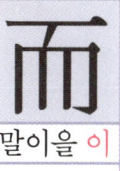
말이을 이

클 태

귀인 공

말 물

⊙ 가는 말이 고와야 오는 말이 곱다.

말이라는 것은 벽에다 공을 치는 것과 마찬가지입니다. 벽에다 공을 살짝 던지면 되돌아오는 공도 약하게 돌아오고, 벽에 세게 치면 역시 세차게 돌아오지요.

말도 이와 이치가 같습니다. 의견이 맞서 말다툼을 하더라도, 내가 음성을 낮추어 듣기 좋은 말로 하면 상대편도 그만한 음성과 비슷한 말투로 응수하게 되지만, 내가 화를 내고 고함을 지르면 상대편도 지지 않으려고 그만큼 더 크고 험한 소리로 맞서게 됩니다.

⊙ 말은 보태고 떡은 뗀다.

참 정확하고도 재미있는 속담입니다.

한 번 뱉은 말은 이 사람 저 사람 입으로 옮겨질 때마다 한 가지씩 없던 말이 보태지게 되고, 먹는 떡은 한 사람 두 사람 손을 거치는 동안 조금씩 조금씩 떼어 먹다 보니 자꾸 줄어들 수밖에 없지요.
　이 말을 다른 말로 고쳐 보면 '음식은 갈수록 줄어들고, 말은 갈수록 늘어난다' 라고 할 수 있습니다.

◉ 관 속에 들어가도 막말은 하지 마라.
　이 속담은 지극히 말조심을 하라는 뜻입니다.
　화가 난다고 해서 상대방에게 피해가 돌아가는 말, 혹은 평생 잊을 수 없는 원한이나 화근이 되는 말을 함부로 해서는 안 됩니다.
　쌀이나 물건은 엎질러도 다시 주워 담거나 원래의 모양대로 만들어 놓을 수 있습니다. 그러나 말은 한 번 내뱉으면 다시 주워 담을 수 없습니다. 그러므로 우리는 평소 하는 말에 대하여 늘 조심하는 버릇을 길러야 하겠습니다.

1. 사람에게 몸과 마음은 어떤 구실을 하나요?

2. 말을 항상 조심해야 하는 까닭을 이야기해 봅시다.

안분편

분수에 맞게
살라는 가르침

6. 만족을 알면 즐거워

景行錄云 知足可樂이요 務貪則憂니라.
경행록운 지족가락　　무탐즉우

知足者는 貧賤도 亦樂이요, 不知足者는 富貴도 亦憂니라.
지족자　빈천　역락　　무지족자　부귀　역우

書曰 滿招損하고 謙受益이니라.
서왈 만초손　　겸수익

子曰 貧而無怨은 難하고 富而無驕는 易니라.
자왈 빈이무원　난　　부이무교　이

安分吟曰 安分身無辱이요 知機心自閑이라
안분음왈 안분신무욕　　지기심자한
雖居人世上이나 却是出人間이니라.
수거인세상　　각시출인간

분수를 지키면 마음이 행복해진다

≪경행록≫에서 말하였다.[1] "만족함을 알면 마음이 즐겁고 탐욕에 힘쓰면 늘 걱정이니라."

만족함을 아는 사람은 비록 집이 가난하고 신분이 천하여도 즐겁게 살아가고, 만족함을 알지 못하는 사람은 아무리 잘 살고 신분이 귀해도 근심 걱정에서 벗어나지 못하느니라.

≪서경(書經)≫에서 말하였다. "가득 차면 넘쳐서 손해를 입고, 겸손하면 이익을 받게 되느니라."

공자가 말하였다. "가난하면서 원망이 없기는 어렵고, 잘 살면서 교만이 없기는 쉬우니라."

≪안분음≫에서 말하였다. "편안한 마음으로 분수를 지키면 몸에 욕됨이 없을 것이요, 기미를 알면 마음은 저절로 한가하리라. 비록 몸은 인간 세상에 살더라도 마음은 인간 세상을 벗어나게 되리라."

- 빈천(貧賤): 가난하고 천박함.
- 안분(安分): 편안한 마음으로 제 분수를 지킴.
- 부귀(富貴): 넉넉하고 귀함.
- 지족(知足): 만족을 앎.

알 지

족할 족

더할 가

즐거울 락

知
知
足
足
可
可
樂
樂

 **한자의 뜻과 소리**

行(갈 행)   足(족할 족)   務(일 무)   貪(탐할 탐)
亦(또 역)   滿(찰 만)   招(부를 초)   損(덜 손)
謙(겸손할 겸) 益(더할 익) 怨(원망할 원) 難(어려울 난)
無(없을 무) 驕(교만할 교) 易(쉬울 이)   機(기미 기)
閑(한가할 한) 雖(비록 수) 却(도리어 각)

 **보충설명**

1. 사람들은 행복의 기준을 재산(돈)과 권력에 두고 있다. 그러나 행복은 전혀 다른 데 있다. 스스로 만족할 줄 알고 분수를 지키면 그것이 곧 행복임을 깨달아야 한다는 뜻이다.

　우리 나라에 유한양행(柳韓洋行)이란 큰 제약회사가 있는데 이 회사의 설립자는 고 유일한 박사이다. 유일한 박사는 젊은 시절 미국에 건너가 온갖 힘든 일을 하면서 절약하고 저축하여 마침내 회사를 세워 성공하였다. 그가 마지막 세상을 떠날 때 아들 딸에게는 공부만 가르치고 많은 재산을 사회에 내놓았다.

　유일한 박사는 세상을 떠났지만 탐욕을 버리고 스스로 마음 넉넉하게 산 그의 정신은 우리 겨레의 등불이 되고 있다.

임금님이 내리신 상

아주 오래 된 옛날이었어요. 어떤 나라에 음식을 몹시 가려 먹는 임금님이 있었어요.
"여봐라!"
"예, 부르셨습니까? 임금님!"
"어찌 수라상에 반찬이 이 모양이냐? 도무지 먹고 싶은 건 별로 없고, 내가 싫은 것만 수십 가지구나."
"예, 저 아뢰옵기 황송하오나……."
"듣기 싫다! 어서 상을 물리도록 해라. 쯧쯧쯧쯧, 상궁들은 내 입맛 하나 맞추지 못하고 대체 무엇들을 한단 말이냐?"
임금님은 이렇게 매일 반찬 투정을 하면서 맛있는 반찬만 골라 먹었습니다.
그리하여 이 임금님은 점점 몸도 야위어 가고 자주 병이 나서 나랏일을 잘 볼 수가 없었어요.
그러던 어느 날이었어요. 먼 나라에서 병을 잘 고치기로 유명한 의원이 찾아와 임금님의 병을 진찰하였습니다. 그 의원은 약도 한 첩 지어 드리지 않고 이렇게 말했어요.

"임금님, 이 병환은 3일 동안 음식을 드시지 마시고 백 리 길을 걸으셔야 낫겠습니다."
"아니, 사흘씩이나 굶으면서 백 리를 걸어야 낫는다고!"
임금님은 간이 철렁 내려앉았어요. 하지만 병을 고치기 위해서는 의원의 말을 안 들을

수 없었지요.
 마침내 임금님은 사흘 동안 물만 마시며 백리 길을 걸었어요. 먼 길을 걷는 동안 농사를 짓는 농부도 만났고, 먹을 양식이 없어서 풀뿌리를 캐어 먹고 살아가는 딱한 사람도 만났어요.
 임금님은 배도 고프고 다리도 아팠지만 의

원이 시키는 일을 어기면 죽을까 봐 꾹 참고 3일을 가까스로 견디어 냈어요.

 4일째 되던 날, 임금님의 수라상에는 겨우 밥 한 공기와 시퍼런 나물 두 가지만 올랐어요. 그러나 워낙 배가 고팠던 터라 임금님은 밥과 나물 반찬 그릇을 눈 깜짝할 사이에 모두 비워 버렸어요.

 "밥이 이렇게 맛있기는 처음이다. 내가 큰 상을 내릴 터이니, 이 밥과 반찬을 만든 요리사를 불러 오너라."

 마침내 궁중의 요리사 두 사람은 임금님 앞으로 나아갔어요.

 "임금님, 제가 상을 받는다는 건 당치도 않습니다. 그것은 오로지 농사짓는 농부가 땀 흘려 좋은 쌀을 생산했기 때문입니다. 상을 주시려거든 그 농부에게 내려 주십시오."

 이 말을 들은 임금님은 고개를 끄덕이면서 다시 말하는 것이었어요.

 "흠, 듣고 보니 그도 그렇구나. 그럼 농사지은 농부를 부르렷다."

 임금님 앞에 불려 온 농부가 겸손한 태도로 말했어요.

 "황공하옵니다. 임금님! 이것은 제가 상을 받을 일이 못 되옵니다."

 "허허, 상을 못 받겠다니? 그럼 또 딴 사람이 있단 말이냐?"

 "제가 비록 땀 흘려 농사를 지었습니다만 그 동안 하느님께서 비를 내려 주시고 따뜻이 햇볕을 쬐어 주셔서 좋은 쌀을 거두게 된 것입니다. 그러니 하느님께 감사를 드려야 하옵니다."

 이 말을 들은 임금님은 크게 기뻐하였어요. 그리고 다른 사람의 고마움을 아는 이 두 사람에게 큰 상을 내렸어요. 그러면서 임금님은 이렇게 말했어요.

"듣거라! 그 동안 내가 반찬 투정을 하며 밥맛이 없다고 했는데, 이 것이 큰 잘못이었다는 것을 깨달았도다. 모든 백성들도 열심히 일하면서 자기의 큰 공을 남에게 돌리는 이 두 사람의 마음씨를 본받도록 하여라."

그 뒤로 임금님은 음식을 골고루 먹게 되었고, 건강한 몸으로 나라를 잘 다스렸답니다.

1. '가난하고 비천해도 즐겁게 살아간다'는 말의 뜻을 생각해 봅시다.

2. 진정한 행복이란 어떤 경우를 말하나요? 예를 들어 이야기해 봅시다.

존심편
바른 마음을 가지라는 가르침

7. 마음의 고삐를 잡고

景行錄云 坐密室을 如通衢하고 馭寸心을 如六馬하면 可免過니라.
경행록운 좌밀실 여통구   어촌심 여육마   가면과

素書云 薄施厚望者는 不報하고 貴而忘賤者는 不久니라.
소서운 막시후망자   불보   귀이망천자   불구

施恩이거든 勿求報하고 與人이거든 勿追悔하라.
시은   물구보   여인   물추회

子曰 聰明思睿라도 守之以愚하고 功被天下라도 守之以讓하고
자왈 총명사예   수지이우   공피천하   수지이양
勇力振世라도 守之以怯하고 富有四海라도 守之以謙이니라.
용력진세   수지이겁   부유사해   수지이겸

 자기의 본심을 잃지 말자

≪경행록≫에서 말하였다.[1] "밀실에 앉았어도 마치 사방으로 통한 길거리에 앉은 것처럼 여기고, 마음 제어하기를 마치 여섯 필 말을 부리듯하면 허물을 면할 수 있느니라."

≪소서(素書)≫에서 말하였다.[2] "박하게 베풀고 후하게 바라는 사람은 보답을 받지 못하고, 몸이 귀하게 되고서도 천했던 때를 잊는 사람은 오래 가지 못하느니라."

은혜를 베풀었거든 보답을 구하지 말고, 남에게 주었거든 후회하지 말라.

공자가 말하였다. "총명하고 생각이 뛰어나더라도 어리석음으로써 지켜야 하고, 공이 천하를 덮을지라도 사양으로써 지켜야 하고, 용맹이 세상을 떨친다 해도 겁(怯)냄으로써 지켜야 하고, 부유함이 온세상을 차지할 정도라도 겸손함으로써 지켜야 하느니라."

- 통구(通衢) : 사방으로 통하는 넓은 거리.
- 박시(薄施) : 박하게 베풂, 아주 적게 도와 줌.
- 불구(不久) : 오래 가지 못함.
- 시은(施恩) : 은혜를 베풂.
- 추회(追悔) : 나중에 후회함.
- 용력(勇力) : 용맹스런 힘.

坐
앉을 좌

坐

室
집 실

室

如
같을 여

如

寸
마디 촌

寸

 **한자의 뜻과 소리**

坐(앉을 좌)　　密(빽빽할 밀)　　室(집 실)　　通(통할 통)
功(공 공)　　　衢(네거리 구)　　馭(말부릴 어)　寸(마디 촌)
馬(말 마)　　　免(면할 면)　　　素(흴 소)　　薄(엷을 박)
施(베풀 시)　　厚(두터울 후)　　望(바랄 망)　忘(잊을 망)
久(오랠 구)　　恩(은혜 은)　　　求(구할 구)　與(줄 여)
追(쫓을 추)　　悔(뉘우칠 회)　　聰(귀밝을 총)　明(밝을 명)
被(입을 피)　　讓(사양할 양)　　振(떨칠 진)　世(세상 세)
怯(두려워할 겁)　海(바다 해)　　愚(어리석을 우)
睿(깊고 밝을 예)

 **보충설명**

1. '낮말은 새가 듣고 밤말은 쥐가 듣는다.' 는 속담은 아무리 남이 안 보는 깊은 방에 앉았어도 마치 넓은 네거리에 앉은 것처럼 행동과 말을 조심하라는 뜻이다.

2. 《소서》에서의 가르침은 우리의 일상 생활에 큰 교훈이 된다. 세상 사람들은 대부분 내가 남에게 베풀지는 않으면서, 다른 사람이 자신에게 많이 도와 주길 바라고 있다.

　또 남을 손톱만큼 도와 주고 그 대가를 많이 바라는 사람이 있다. 남에게 베푼 은혜는 잊어버리고, 남한테 은혜 입은 일은 오래 기억하는 게 현명한 일이다.

자신을 드러내지 않는 겸손

　미국에서 15년 동안 대학과 병원, 그리고 어린이 보호 단체 등에 6억 달러(1달러를 1,350원으로 환산했을 때 8천억 원) 이상을 자신의 이름을 숨긴 채 기부해 온 사람이 있었습니다.

　이 소문을 듣고 미국의 신문과 방송에서 끈질기게 추적하여 그 주인공을 밝혀 내게 되었습니다. 뉴저지 주에서 공항 면세점을 운영하고 있는 찰스 피닌이란 할아버지가 바로 그분이었습니다.

　이 사실은, 찰스 할아버지가 나이가 너무 들어 더 이상 가게를 운영할 수 없어 딴 사람에게 가게를 팔았는데, 새 주인이 넘겨받은 옛날 장부를 뒤적이다 엄청난 돈을 다른 기관에 기부한 사실을 알아 내고 〈뉴욕 타임스〉신문에 알려서 밝혀졌다고 합니다.

　주인공 찰스 피닌은 코넬 대학 시절에 정부로부터 학자금을 융자받아 수업료를 내고, 밤에는 식당에 나가 샌드위치를 팔아 생활비를 벌면서 어렵게 공부했습니다.

　대학을 졸업하고 군복무를 마친 그는 1970년대 초에 대학 친구와 함께 회사를 차리면서 돈을 많이 벌었다고

馬 말 마

恩 은혜 은

求 구할 구

心 마음 심

합니다. 피닌은 그 돈으로 두 개의 비영리 재단을 세웠습니다. 그리고 회사 운영에 필요한 돈을 제외하고는 벌어들인 돈을 모두 이 재단으로 보내어, 이 곳을 통해 대학이나 병원, 고아원 같은 사회 기관에 자신의 이름을 숨긴 채 기부해 왔던 것이지요.

이렇게 많은 돈을 사회 단체에 기부하면서도 찰스 피닌은 집 한 채 갖지 않고 자동차마저도 헌 차를 세내어 쓰고 있었답니다. 그가 찬 시계도 아주 싸구려로, 그것도 15년째 차고 있었다는군요.

찰스 할아버지가 기부한 6억 달러는 대학에 47퍼센트, 국제 기구에 24퍼센트, 그리고 어린이와 노인을 위한 시설에 19퍼센트, 기타 10퍼센트 등으로 보내졌다고 합니다.

 이렇게 온 세계가 놀라도록 큰 돈을 기부했으면서도 찰스 할아버지는 기자들이 만나자는 것도 피한 채 〈뉴욕 타임스〉와 짤막하게 전화로 인터뷰하며 이런 말을 했습니다.

 "대단치도 않은 일이 세상에 널리 알려지는 걸 원치 않습니다. 나는 다만 내가 필요한 것보다 더 많은 돈이 생겼기 때문에 기부했을 뿐입니다."

 찰스 할아버지가 기자들과 직접 만나는 것을 끝내 사양하는 바람에, 신문에는 기자들이 그가 다녔던 코넬 대학에 찾아가 앨범에서 복사한 빛바랜 사진 한 장이 실렸을 뿐입니다.

 우리 돈으로 8천억 원, 상상할 수도 없는 어마어마한 액수의 돈을 세상에 기부하고 얼굴마저 숨기는 미국인 할아버지 찰스 피닌! 이분은 진정 사람들로부터 존경받을 만한 인물임에 틀림없습니다.

 세상을 멋지고 행복하게 살아가는 방법을 우리는 찰스 피닌 할아버지로부터 배워야겠습니다.

1. 지금까지 자신이 남을 언제, 어떻게 도와 주었는지 생각해 봅시다.
2. 이 이야기의 주인공 찰스 할아버지로부터 배울 점을 이야기해 봅시다.

계성편
자신의 성품을 닦으라는 가르침

8. 낮추고 굽혀라

景行錄云 人性이 如水하여 水一傾則不可復이요,
경행록운 인성   여수   수일경즉불가복

性一從則不可反이니 制水者는 必以堤防하고
성일종즉불가반   제수자   필이제방

制性者는 必以禮法이니라.
제성자   필이예법

得忍且忍하고 得戒且戒하라. 不忍不戒면 小事成大니라.
득인차인   득계차계   불인불계   소사성대

景行錄云 屈己者는 能處重하고 好勝者는 必遇敵이니라.
경행록운 굴기자   능처중   호승자   필우적

凡事에 留人情이면 後來에 好相見이니라.
범사   유인정   후래   호상견

《경행록》에서 말하였다. [1]"사람의 성품은 물과 같아서 한 번 기울면 다시 회복할 수 없고, 성품이 한 번 방종해지면 돌이킬 수 없나니, 물을 제어하려는 자는 반드시 제방으로써 하고, 성품을 제어하려는 자는 반드시 예법으로써 해야 하느니라."

참을 수 있으면 우선 참고 경계할 수 있으면 우선 경계하라. [2]참지 못하고 경계치 못하면 작은 일이 크게 되느니라.

경행록에서 말하였다. "자기를 낮추고 굽히는 사람은 중요한 자리에 오를 수 있고, 이기기를 좋아하는 사람은 반드시 적을 만드느니라."

[3]모든 일에 따뜻한 인정을 남겨 두면 훗날 만났을 때 서로 좋은 얼굴로 대할 것이다.

- 인성(人性): 사람의 성품. 그 사람의 됨됨이.
- 제방(堤防): 수해 예방을 위해 흙이나 돌로 쌓은 둑.
- 예법(禮法): 예의와 법칙. 예의.
- 굴기(屈己): 남의 앞에 제 몸을 낮추어 겸손히 함.
- 호승(好勝): 남과 다투어 이기기를 좋아함.
- 범사(凡事): 모든 일.

 **한자의 뜻과 소리**

傾(기울 경)　復(돌아올 복)　縱(늘어질 종)　反(되돌릴 반)
且(또 차)　制(억제할 제)　必(반드시 필)　堤(방죽 제)
法(법 법)　忍(참을 인)　戒(경계할 계)　屈(굽을 굴)
能(능할 능)　處(곳 처)　重(무거울 중)　好(좋을 호)
勝(이길 승)　遇(만날 우)　敵(원수 적)　凡(무릇 범)
留(머무를 유)　禮(예도 예(례))

 보충설명

1. 이 글에서는 사람의 성품을 물에 비유하여 가르치고 있다.
　　물은 만지면 형체도 느낄 수 없을 만큼 미미한 존재 같지만, 큰 바윗돌을 깰 수 있고, 큰 나무나 건물을 무너뜨릴 수 있는 힘을 지니고 있다. 사람의 마음도 남의 앞에서는 지극히 부드럽고 겸손해야 하지만, 자신 앞에서는 강해야 한다.
2. "아이들 싸움이 어른 싸움 된다."는 속담이 있다.
3. 사람의 따뜻한 마음을 '인정' 이라 한다.
　　남의 좋은 일에는 함께 기뻐하고, 남의 슬픈 일에는 함께 슬퍼할 줄 알아야 한다.

물의 가르침

필 반드시 필
必

소 작을 소
小

성 이룰 성
成

호 좋을 호
好

　물은 주변에 흔하기 때문에 우리는 그 고마움을 잊고 살아갈 때가 많습니다. 사람의 몸만 봐도 물이 몸 전체의 80퍼센트를 차지합니다.

　우리 조상들은 무엇보다 물을 소중히 여겼습니다. 나라의 임금도 백성을 다스리기에 앞서, 물을 잘 다스리는 방법을 익혔다고 합니다.

　물이 주는 5가지 교훈은 우리가 살아가는 데 중요한 가르침이 되고 있습니다.

　첫째, 물은 항상 자기가 나아갈 길을 찾아 내어 멈추는 일이 없습니다.

　앞에 바위가 놓여 있든, 깊은 골이 패어 있든 간에 가다가 흐름을 멈추는 물줄기는 없습니다. 어디엔가 틈새를 찾아 내어 그 사이를 흐르거나, 둘레를 돌아서라도 아래로 흘러내려 갑니다.

　둘째, 물은 흘러가면서 그 속에 살아 있는 것들을 키우고, 그 곁에 있는 온갖 식물과 생명체를 살아 움직이게 합니다.

　셋째, 물은 장애물을 만나면 그 힘을 몇 배로 부풀립니

 다. 그러므로 물의 힘을 사람이 억지로 막으려 하다가는 오히려 큰 해를 입게 됩니다. 물줄기를 막아 놓은 둑이나 저수지, 댐 같은 것은 인간이 물을 다스리기 위한 지혜의 산물입니다.

 물은 그 수위가 높아지면 적당히 아래로 흘려 보내야 합니다. 넘치도록 그냥 내버려두면 둑이 터져 버리고 맙니다.

 우리도 혼자만 너무 많이 가지려는 욕심은 버려야 하겠습니다.

 넷째, 물은 스스로 맑아지려고 하고, 또 자신을 희생하면서 다른 것의 더러움을 씻어 줍니다. 맑음과 더러움을 가리지 않고 모두 받아들입니다.

 마지막으로, 물은 넓은 바다를 채우고 때로는 비와 구름, 눈과 얼음이 되기도 합니다. 그러나 어떤 경우라도 물 본래의 성질만은 바뀌지 않습니다.

사람은 손에 채찍이나 칼을 쥐면 성품마저 변해 버리기 쉽습니다. 그 머리 위에 금관을 씌워 주면 걸음걸이와 목소리가 달라집니다. 비가 되든 얼음이 되든 본래의 자기 성질을 잃지 않는 물의 성질에서 많은 것을 배워야 하겠습니다.

또한 자기가 나아갈 길을 찾아 멈추지 않는 물의 성질에서 우리는 끊임없는 노력과 개척 정신을 배워야 하겠습니다.

그리고 스스로 움직여 다른 것을 살아가게 하는 물의 정신에서 우리는 협동과 공동체 의식을 배워야 하고, 장애물을 만나면 더 큰 힘을 발휘하는 물의 위용에서 그 분노의 무서움을 알고 그것을 삭일 수 있는 지혜를 배워야 하겠습니다.

또, 스스로 깨끗하려고 하고 다른 것의 더러움을 씻어 주는 물의 성질에서 자기만 잘났다고 뽐내며 남을 흉보는 좁은 마음을 버리고 큰 너그러움을 배워야 하겠습니다.

비록 겉모양은 달라져 구름, 눈, 얼음이 될지라도 근본을 변치 않는 모습에서 겸손과 변하지 않는 인간의 도리를 배워야 하겠습니다.

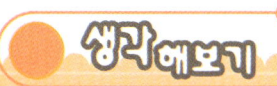

1. 주위에 남과 다투기를 좋아하는 친구가 있는지 살펴봅시다.

2. 물에서 배울 점 세 가지만 이야기해 봅시다.

근학편
학문 힘쓰기에 관한 가르침

9. 배운 자는 곡식 같고

禮記曰 玉不琢이면 不成器하고 人不學이면 不知義니라.
예기왈 옥불탁   불성기   인불학   부지의

太公曰 人生不學이면 冥冥如夜行이니라.
태공왈 인생불학   명명여야행

徽宗皇帝曰 學者는 如禾如稻하고 不學者는 如蒿如草로다.
휘종황제왈 학자   여화여도   불학자   여호여초
如禾如稻兮여 國之精糧이요 世之大寶로다.
여화여도혜   국지정량   세지대보
如蒿如草兮여 耕者憎嫌하고 鋤者煩惱니라.
여호여초혜   경자증혐   서자번뇌
他日面墻이 悔之已老로다.
타일면장   회지이로

　≪예기≫에서 말하였다.[1] "옥은 다듬지 않으면 값비싼 그릇을 이루지 못하고, 사람은 배우지 않으면 의(義)를 알지 못하느니라."

　태공이 말하였다. "인생이란 배우지 않으면 깜깜한 밤중에 길을 가는 것과 같으니라."

　휘종 황제가 말하였다.[2] "배운 자는 곡식과 같고 벼와 같으며, 배우지 않은 자는 쑥과 같고 풀과 같도다. 곡식과 벼와 같음이여! 나라의 좋은 양식이요, 세상의 큰 보배로다. 쑥과 풀과 같음이여! 밭을 가는 농부가 미워하고 김 매는 일꾼이 괴로워하느니라. 다른 날 담장에 얼굴을 대하는 것과 같이 답답할 때 후회한들 이미 늦었도다."

- 부지(不知) : 알지 못함.
- 불성(不成) : 이루지 못함.
- 불학(不學) : 배우지 못함.
- 예기(禮記) : 사서삼경의 책 중 하나(예절의 기록).
- 번뇌(煩惱) : 마음이 시달려서 괴로움.

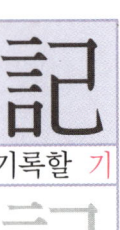
기록할 기

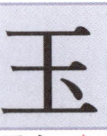
구슬 옥

배울 학

마루 종

 **한자의 뜻과 소리**

記(기록할 기)　琢(쫄 탁)　器(그릇 기)　義(옳을 의)
冥(어두울 명)　夜(밤 야)　稻(벼 도)　徽(아름다울 휘)
宗(마루 종)　皇(임금 황)　帝(임금 제)　禾(벼 화)
蒿(쑥 호)　草(풀 초)　精(찧을 정)　糧(양식 량(양))
寶(보배 보)　耕(밭갈 경)　憎(미워할 증)　嫌(싫어할 혐)
鋤(호미 서)　他(다를 타)　面(낯 면)　墻(담 장)
煩(괴로워할 번)　　惱(괴로워할 뇌)

 보충설명

1. 옥(玉)이란 매우 귀하고 값비싼 것이다. 그러나 옥이 땅 속에 그냥 묻혀 있으면 아무것도 아니다. 그것을 갈고 닦고 물건을 만들었을 때 비로소 제 가치를 발휘하게 된다.

2. 사람도 마찬가지다. 아무리 얼굴이 잘 생기고 건장하게 생겼어도 배우지 못하면 사람 대접을 못 받는다. 배워서 옳고 그름을 분별할 줄 알아야 사람 대접을 받는다.

두 가지 재산

재산에는 두 가지 종류가 있습니다. 눈에 보이는 유형의 재산과, 눈에 보이지 않는 무형의 재산입니다.

유형의 재산이란 물질을 뜻하는데 돈이나 귀금속 같은 것, 또는 집이나 빌딩·자동차·땅 같은 것들을 말합니다. 무형의 재산은 우리의 몸과 머릿속에 들어 있는 지식, 실력, 지혜 같은 것들을 말합니다.

그런데 대체로 사람들은 무형의 재산보다는 유형의 재산, 즉 물질적인 재산을 더 바라고 있으니 참으로 안타까운 일이지요.

물질적 유형의 재산은 변화도 많고 남에게 빼앗길 염려도 있으나, 무형의 정신적 재산은 잃어버릴 염려가 없는 것이니 매우 안전하고 자랑스럽기도 합니다.

여기에 한 가지 이야기를 소개합니다.

커다란 배가 바다를 건너 항해하고 있는데, 거기 탄 사람들은 모두 큰 부자였습니다.

"나는 금궤를 싣고 가는 중이오."

"나는 보석을 몇 상자 싣고 가는데, 저걸 팔아 아주아

草 풀 초
草
老 늙은이 로
老
夜 밤 야
夜
禾 벼 화
禾

주 넓은 땅을 살 생각이라오."
"난 비단과 약재를 한 톤도 넘게 싣고 가는 중이라오."
그들은 둘러앉아 목에 힘을 주면서 재산 자랑을 하고 있었습니다.
그런데 몹시 초라해 보이는 한 중년 신사가,
"나도 큰 재산을 가지고 있지요."
하고 말했습니다. 그러자 많은 부자들이 이 초라한 신사를 보고,
"큰 재산! 어디 있소? 보여 주시오."
하고 호기심을 나타내며 말했습니다.
"내 재산은 지금 당장 보여 드릴 수는 없습니다."

"왜 볼 수 없나요?"

"그럼 그렇지! 빈털터리가 가진 게 있을 리 없지."

배에 탄 사람들은 그 중년 신사를 업신여기며 비웃었습니다.

그런데 얼마 후, 배가 풍랑을 만나 물 속으로 가라앉고 말았습니다.

사람들은 배에서 탈출해 조그만 널빤지에 나눠 타고 바다를 표류하다가 다행히 어떤 섬에 닿았습니다. 간신히 목숨을 건진 그들은 알거지가 되어 여기저기 흩어져 살았습니다.

세월이 흐른 뒤 그들은 한 곳에 모였습니다. 그런데 큰 부자라고 자랑하던 사람들의 몰골은 죽기 직전같이 바싹 마르고 추해져 있었습니다. 그러나 오직 한 사람, 그 중년 신사는 조금도 추하지 않고 옷도 깨끗한 옛 모습 그대로였습니다.

사람들은 모두 놀랐습니다.

"내 재산은 머릿속에 들어 있지요. 그래서 이 곳에서 학교 선생님이 되었답니다."

사람들은 모두 고개를 숙였답니다. 물질의 재산은 다 잃어버렸지만, 정신의 재산인 지식은 그대로 있었기 때문입니다.

1. ≪예기≫에서 사람은 왜 배우지 않으면 무엇을 알지(깨닫지) 못한다고 했나요?

2. 예로부터 왜 사람에게 배움을 권면하는지 그 까닭을 이야기해 봅시다.

훈자편 자녀를 바르게 가르치라는 가르침

10. 귀한 자식에게 매를

景行錄云 賓客不來면 門戶俗하고 詩書無敎면 子孫愚니라.
경행록운 빈객불래　문호속　　시서무교　자손우

漢書云 黃金滿籯이 不如敎子一經이요 賜子千金이
한서운 황금만영　불여교자일경　　사자천금
不如敎子一藝니라.
불여교자일예

至樂은 莫如讀書요, 至要는 莫如敎子니라.
지락　막여독서　　지요　막여교자

憐兒多與棒하고 憎兒多與食하라.
연아다여봉　　증아다여식

人皆愛珠玉이나 我愛子孫賢이니라.
인개애주옥　　아애자손현

 자식을 잘 가르쳐야 사람이 된다

≪경행록≫에서 말하였다. [1]"집에 손님이 오지 않으면 가문이 속되어지고, 시서(詩書)를 가르치지 않으면 자손이 어리석어지느니라."

≪한서≫에서 말하였다. "황금이 상자에 가득함이 자식에게 경서 한 권 가르치는 것만 못하고, 천금을 물려줌이 자식에게 한 가지 기예를 가르치는 것만 같지 못하느니라."

지극히 즐거운 것은 책을 읽는 것만한 것이 없고, 지극히 중요한 것은 자식을 잘 가르치는 것만한 것이 없느니라.

[2]아이를 정말 사랑하거든 매를 많이 주고, 아이를 미워하거든 밥을 많이 주어라.

사람들은 모두 구슬과 옥(재물)을 사랑하지만 나는 자손의 어질고 현명함을 사랑하리라.

- 빈객(賓客) : 손님.
- 문호(門戶) : 집안.
- 자손(子孫) : 자식과 손자.
- 무교(無敎) : 가르치지 않음.
- 지락(至樂) : 더할 수 없는 즐거움.

손님 객

올 래

來

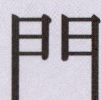
문 문

門

글 서

書

 한자의 뜻과 소리

賓(손님 빈)　客(손님 객)　門(문 문)　戶(집 호)
俗(풍속 속)　敎(가르칠 교)　孫(손자 손)　漢(한수 한)
黃(누를 황)　贏(찰 영)　經(날 경)　賜(줄 사)
藝(재주 예)　至(이를 지)　讀(읽을 독)　要(구할 요)
憐(불쌍할 련)　棒(막대 봉)

 **보충설명**

1. 얼른 생각하기에 "집에 손님이 안 오면 가족이 편하고 대접할 음식도 안 없어지니 좋지 뭐." 이렇게 생각하기 쉽다. 그러나 집에 손님이 옴으로 해서 바른 예절도 익히고 사람의 도리를 배우게 된다.

2. 요즘 사람들은 아들 딸을 잘 키운다고 좋은 음식을 사 주고 좋은 옷을 입힌다. 그러나 우리 옛 조상들은 잘 먹이는 것보다 어렸을 때 바른 습관을 가르치기 위해 엄하게 가르치고 잘못할 때는 매를 때렸다.

자녀를 위한 기도문

우리를 낳고 길러 주시는 아버지 어머니는 자나깨나 우리가 건강하고 훌륭하게 자라 주기를 바라고 있습니다. 이러한 부모님의 한결같은 마음은 세계 어느 나라에서나 마찬가지입니다.

민주주의 국가나 독재주의 국가나, 또는 동양이나 서양이나 부모님의 마음은 다를 것이 없습니다. 모든 부모님은 자신들이 잘 되는 것보다 아들딸이 잘 되는 것을 훨씬 자랑스럽게 여기고 있습니다. 다음에서 세계적으로 유명한 부모님의 기도문 한 가지를 소개하겠습니다.

– 자녀를 위한 기도문 –

더글러스 맥아더

제 자녀가 이런 사람이 되게 하소서.

약할 때 자기를 잘 분별할 수 있는 힘과, 두려울 때 자신을 잃지 않는 용기를 가지고, 정직한 패배에 부끄러워하지 않고 태연하며, 승리에 겸손하고 온유할 수 있는 사람이 되게 하소서.

제 자녀를 요행과 안락의 길로 인도하지 마시고, 곤란과 고통의

金 쇠 금
金
戶 집 호
戶
千 일천 천
千
至 이를 지
至

길에서 항거할 줄 알며, 패배한 자를 불쌍히 여길 줄 알도록 해 주소서.

제 자녀가 마음은 깨끗이 하고, 목표는 높게 가지게 하시고, 남을 다스리기 전에 자신을 다스리게 하시며, 미래를 지향하는 동시에 과거를 잊지 않게 하소서.

그러면서도 유머를 알게 하시어 인생을 엄숙히 살아가면서도 삶을 즐길 줄 아는 마음과, 자기 자신을 너무 드러내지 않고 겸손한 마음을 갖게 하소서.

그리고 참으로 위대한 것은 소박한 데 있다는 것과, 참된 힘은 너그러움에 있다는 것을 항상 명심하게 하소서.

이 자녀를 위한 기도문은 원고지 두 장 반 정도의, 얼마 안 되는 분량이지만 이 속에는 부모님이 바라는 바람직한 인간상이 너무도 절실하게 잘 나타나 있습니다.

사람이 약해질 때는 잘못하면 자기 자신을 잘 분별하지 못하고 갈팡질팡하기 쉽습니다. 이럴 때 스스로를 잘 다스릴 수 있는 용기와 지혜가 필요한 것입니다.

　맥아더 장군은 특히 자기 자녀들이 남 앞에서 자기 자신을 너무 드러내지 않고 겸손한 마음을 갖게 해 달라고 했습니다. 그리고 사치한 것보다 소박한 것이 훨씬 값지다는 것을 알려 주고 있습니다.

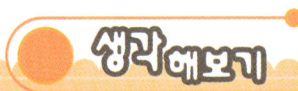 

1. 《한서》에서는 왜 자식에게 많은 재물을 물려주는게 한 가지 기술이나 예능을 가르치는 것만 못하다고 했을까요?

2. 여러분이 생각하는 지극히 즐거운 것과 지극히 중요한 것을 말해 봅시다.

11. 현재는 옛날의 거울

父不憂心은 因子孝요 夫無煩惱는 是妻賢이라.
부불우심　인자효　부무번뇌　시처현

言多語失은 皆因酒요 義斷親疎는 只爲錢이니라.
언다어실　개인주　의단친소　지위전

子曰 明鏡은 所以察刑이요 往古는 所以知今이니라.
자왈 명경　소이찰형　　왕고　소이지금

天有不測風雨하고 人有朝夕禍福이니라.
천유불측풍우　　　인유조석화복

太公曰 凡人은 不可逆相이요 海水는 不可斗量이라.
태공왈 범인　불가역상　　해수　불가두량

 왜 마음을 잘 다스리고 닦아야 하나

　아버지가 마음에 근심하지 않음은 자식이 효도하기 때문이요. 남편이 번뇌가 없음은 아내가 현명하기 때문이니라.

[1] 말이 많고 말을 실수함은 모두 술 때문이요, 의리가 끊어지고 사이가 멀어지는 것은 오로지 돈 때문이니라.

　공자가 말씀하셨다. "밝은 거울은 얼굴을 살피는 것이요, 지나간 옛날은 현재를 아는 것이니라."

　하늘에는 예측할 수 없는 비바람이 있고, 사람에게는 아침 저녁으로 화(禍)와 복(福)이 있느니라.

　태공이 말씀하셨다. "보통 사람은 앞 일을 짐작할 수 없고 바닷물은 말(斗)로써 그 양을 잴 수 없느니라."

- 성심(省心) : 마음을 살핌. 마음을 다스림.
- 번뇌(煩惱) : 마음이 시달려서 괴로움.
- 조석(朝夕) : 아침 저녁.
- 명경(明鏡) : 맑은 거울.
- 풍우(風雨) : 바람과 비(비바람).

因 인할 인
因
夫 지아비 부
夫
妻 아내 처
妻
言 말씀 언
言

 **한자의 뜻과 소리**

因(인할 인)　夫(지아비 부)　妻(아내 처)　賢(어질 현)
言(말씀 언)　多(많을 다)　語(말씀 어)　失(잃을 실)
皆(다 개)　酒(술 주)　斷(끊을 단)　疎(트일 소)
只(다만 지)　爲(할 위)　錢(돈 전)　鏡(거울 경)
察(살필 찰)　刑(형벌 형)　往(갈 왕)　古(옛 고)
今(이제 금)　測(잴 측)　風(바람 풍)　雨(비 우)
朝(아침 조)　夕(저녁 석)　斗(말 두)　量(헤아릴 량)

 **보충설명**

1. 이 글에서는 술과 돈에 대한 주의를 강조하고 있다.

　술주정뱅이들은 언제나 행동이 거칠고 말이 많다. 쓸데없이 지껄이는 말이기 때문에 별로 귀담아 듣지도 않는다. 그런데 때로는 말이 많다 보니, 해서는 안 될 말을 하게 된다.

　돈 또한 우리 생활에 절대적으로 필요하다. 그러나 그 돈을 필요 이상으로 욕심부리기 쉽다. 생활에 쓰고, 훗날을 위해 적당히 저축하면 그것으로 충분하다. 여유가 있으면 그 돈을 남을 돕는 데 가치 있게 써야 한다.

두 명의 하녀

영국의 유명한 총리 디즈레일리가 젊어서 독신으로 지낼 때, 잔일을 돌보아 줄 하녀를 구하게 되었습니다.

마침 두 여인이 추천을 받아 디즈레일리 앞에 오게 되었습니다. 한 여인은 얼굴도 예쁘고 성격도 매우 활달해 만사를 자신만만하게 생각하는 처녀였고, 또 한 여인은 보통 얼굴에 수수해 보이는 처녀였습니다.

디즈레일리는 첫번째 처녀에게 물었습니다.

"당신이 만일 접시 열 장을 포개어 들고 나가다 문턱에 발이 걸려 넘어지게 되었다고 합시다. 이럴 경우 어떻게 하겠습니까?"

이 말을 들은 처녀는 매우 자신 있다는 듯이 대답했습니다.

"그 순간 재빨리 턱으로 접시를 누르면서 얼른 무릎을 꿇으면 되지요. 만일 그게 뜻대로 안 돼 넘어졌다 하더라도 몸을 굴려 접시는 한 장도 깨지 않을 자신이 있습니다."

디즈레일리는 두 번째 처녀에게도 똑같은 질문을 했습니다.

두 번째 처녀는 그 질문에 얼굴을 붉히면서 이렇게 대

답했습니다.

"저는 아직까지 그런 일을 겪어 보지 않아 뭐라고 말씀드릴 수 없네요. 다만 발이 문턱 같은 곳에 걸리지 않도록 조심하겠어요."

이 말을 듣고 디즈레일리는 두 번째 처녀를 하녀로 채용했습니다. 특별한 재주꾼보다는 매사에 조심을 하는 쪽이 훨씬 믿음직하기 때문이지요.

디즈레일리는 훗날 그 하녀와 결혼을 하고 영국 총리가 되었으니,

그 하녀가 총리 부인이 된 것은 당연한 일 아니겠어요.

 토끼와 거북이 경주를 할 때, 토끼가 자기의 재주와 힘만 믿고 잠을 자다가 결국 그 느림보 거북에게 지고 말았다는 우화를 잘 알고 있지요?
 사람에게는 남을 앞지르는 재치나 재주보다 꾸준한 끈기와 매사에 주의하고 정성을 다하는 성실함이 훨씬 중요하다는 사실을 깨달아야 합니다.
 지난날 하녀였던 디즈레일리 총리 부인은 재주 있고 얼굴 잘 생긴 여자로서가 아니라, 남편이 훌륭한 정치가가 되도록 뒷바라지를 잘 한 여자로 널리 알려져 있습니다.

1. 올바른 판단을 위한 마음가짐이 왜 필요한지 이야기해 봅시다.

2. 이 이야기에 등장하는 두 하녀의 다른 점을 말해 봅시다.

성심편(하)
마음을 성찰하라는 가르침

12. 버려야 할 교만과 사치

家語云 水至淸則無魚하고 人至察則無徒니라.
가어운 수지청즉무어   인지찰즉무도

有福莫享盡하라 福盡身貧窮이요. 有勢莫使盡하라 勢盡寃相逢이니라.
유복막향진   복진신빈궁   유세막사진   세진원상봉
福兮常自惜하고 勢兮常自恭하라. 人生驕與侈는 有始多無終이니라.
복혜상자석   세혜상자공   인생교여치   유시다무종

大廈千間이라도 夜臥八尺이요 良田萬頃이라도 日食二升이니라.
대하천간   야와팔척   양전만경   일식이승

性理書云 接物之要는 己所不欲을 勿施於人하고
성리서운 접물지요   기소불욕   물시어인
行有不得이어든 反求諸己니라.
행유부득   반구제기

세상 일은 마음에 달렸다

≪공자가어(孔子家語)≫에서 말하였다. [1]"물이 너무 맑으면 고기가 없고, 사람이 지극히 살피면 친구가 없느니라."

[2]복이 있다고 누리기를 다하지 말라. 복이 다하면 몸이 빈궁해질 것이다. [3]권세가 있다고 부리기를 다하지 말라. 권세가 다하면 원수와 서로 만나느니라. 복이 있거든 늘 스스로 아끼고, 권세가 있거든 늘 남 앞에 공손하여라. 인생의 교만과 사치는 처음은 있으나, 종말이 없는 경우가 많으니라.

큰집이 천 칸이라도 밤에 눕는 자리는 불과 여덟 자면 되고, 좋은 밭이 만 이랑이라도 하루 먹는 양식은 두 되이니라.

≪성리서≫에서 말하였다. "사물을 대하는 요령은, 자기가 하고자 하지 않는 것을 남에게 베풀지 말고, 행하여 얻지 못하는 것이 있거든 반성해 그 책임을 자신에게 돌리는 것이니라."

- 빈궁(貧窮): 가난하고 궁색함.
- 상봉(相逢): 서로 만남.
- 대하(大廈): 넓고 큰 집.
- 양전(良田): 기름진 밭.
- 접물(接物): 사물을 접함.
- 부득(不得): 얻지 못함.

家
집 가

家
家

魚
고기 어

魚

徒
무리 도

徒

有
있을 유

有

 한자의 뜻과 소리

家(집 가)　　淸(맑을 청)　　田(밭 전)　　魚(고기 어)
徒(무리 도)　　享(누릴 향)　　盡(다할 진)　　身(몸 신)
窮(다할 궁)　　勢(기세 세)　　使(하여금 사)　　寃(원통할 원)
食(밥 식)　　相(서로 상)　　逢(만날 봉)　　常(항상 상)
自(스스로 자)　　大(큰 대)　　惜(아낄 석)　　恭(공손할 공)
驕(교만할 교)　　侈(사치 치)　　升(되 승)　　始(처음 시)
終(끝날 종)　　廈(큰집 하)　　間(사이 간)　　臥(엎드릴 와)
八(여덟 팔)　　尺(자 척)　　萬(일만 만)　　二(두 이)
施(베풀 시)　　察(살필 찰)　　諸(모두 제)　　良(좋을 양(량))
頃(밭 넓이 단위 경)

 **보충설명**

1. 너무 맑은 물에는 물고기가 없듯이 사람도 지나칠 정도로 고상하거나 원칙만 따지고 살면 주위에 사람이 따르지 않는다.

2. 복이란 사람이 누리고 싶은 기쁘고 좋은 일을 말한다. 그런데 내가 복이 많다고 남 앞에 너무 뽐내거나 자랑하지 말아야 한다.

3. 높은 벼슬자리에 앉았다고 하여 그 권세를 마구 휘둘러서는 안 된다. 그럴수록 겸손해야 한다. 너무 교만하고 사치하는 사람들의 종말은 대개 좋지 않다고 이 글에서 가르치고 있다.
　조선조 초기의 황희 정승(지금의 국무총리)은 종의 아이가 무릎에 앉아 오줌을 누었는데도 꾸짖지 않고 아기의 건강을 칭찬해 주었다고 한다.

단양 군수 이황

우리 나라 조선 시대에 가장 존경받고 학문이 깊었던 학자를 꼽으라면 퇴계와 율곡을 떠올릴 수 있습니다.

옛날부터 훌륭한 어른들은 대개 자기 이름 이외에 아호라는 다른 이름을 하나 더 가지고 있었습니다. 이황 선생은 아호가 '퇴계' 입니다.

이황은 1548년 48살의 나이에 충청도 단양 군수로 발령받았습니다.

원래 이황은 벼슬을 욕심내지 않고 오로지 학문에만 뜻을 두고 살아왔습니다. 그래서 다른 사람보다 벼슬길에 늦게 들어서게 된 것이지요.

이황이 단양 군수로 있을 때 지독한 흉년이 들어 백성들의 굶주림은 말로 나타내기 어려울 정도였습니다. 이황 군수는 관청에 쌓아 둔 곡식을 꺼내 백성들에게 나누어 주었습니다.

그리고 고을을 여기저기 돌아다니며 백성들이 살아가는 모습을 살펴보았습니다. 이 때 이황은 크게 깨달은 점이 있었습니다.

농사만 짓고 살아가는 그 시대 사람들은 가뭄과 홍수로

거의 해마다 어려움을 겪는 것이었습니다.

'흠, 비가 안 내리면 물이 없어 곡식이 말라 죽고, 비가 많이 내리면 홍수로 논밭이 떠내려가고, 그렇다면 물을 가두었다가 필요할 때 쓰면 될 것 아닌가! 아, 보를 막아 물을 가두어 두면 되겠구나.'

단양 군수 이황은 요즘 저수지나 댐 같은 것을 생각해 냈던 것입니다. 비록 규모는 작지만 보라는 것을 만들어 냇물을 어느 정도 가두어 두고, 가물 때 그 물을 논밭으로 끌어대게 했습니다.

단양 고을 백성들은 이황 군수의 훌륭한 정치에 많은 박수를 보냈습니다.

이황이 단양 군수로 부임한 지 열 달 뒤에 그의 친형 이해가 충청 감사로 부임해 왔습니다. 감사는 요즘 도지사와 같은 벼슬이므로 군수의 직속 상관인 셈이지요.

　보통 사람 같으면 형이 감사로 왔으니 얼마나 좋아하겠습니까? 그러나 이황은 걱정이 되었습니다.

　'형이 직속 상관으로 와서 나와 함께 벼슬을 하면 백성들이 우리를 어떻게 볼까? 형제가 짜고 잇속을 챙긴다며 입방아를 찧을 테고, 또 아무리 조심을 해도 말이 많아질 텐데. 아무래도 내가 단양을 떠나야겠군.'

　이황은 이렇게 생각하고 곧바로 임금님께 사직서를 올렸습니다.

　그러자 단양 고을 백성들은 울면서 이황 군수를 붙잡았습니다.

　"나도 이 고을 백성들과 헤어지는 일이 매우 섭섭합니다. 허나, 옛말에 선비는 배나무 아래서 갓을 고쳐 쓰지 말고, 참외밭에서 신발 끈을 매지 말라고 했어요. 형님이 감사로 부임한 것이 우리 집안으로 보면 경사이나, 남들의 입에 오르내리는 일이 되므로 내가 떠나는 게 훗날을 위해 좋은 일이라오."

　이렇게 말하고 이황은 단양 군수 자리에서 물러났다고 합니다.

1. 내가 남 앞에서 욕심을 내거나, 지나친 자랑을 한 적이 없는가 생각해 봅시다.

2. 「성심편, 하」를 읽고 반성한 점은 무엇입니까?

입교편
바른 교육에 관한 가르침

13. 부지런함과 검소함

景行錄云 爲政之要는 曰公與淸이요, 成家之道는 曰儉與勤이니라.
경행록운 위정지요   왈공여청   성가지도   왈검여근

讀書는 起家之本이요, 循理는 保家之本이요.
독서   기가지본   순리   보가지본
勤儉은 治家之本이요, 和順은 齊家之本이니라.
근검   치가지본   화순   제가지본

孔子三計圖云 一生之計는 在於幼하고 一年之計는 在於春하고
공자삼계도운 일생지계   재어유   일년지계   재어춘
一日之計는 在於寅이니 幼而不學이면 老無所知요,
일일지계   재어인   유이불학   노무소지
春若不耕이면 秋無所望이요, 寅若不起면 日無所辦이니라.
춘약불경   추무소망   인약불기   일무소판

忠子曰 治官에 莫若平하고 臨財에 莫若廉이니라.
충자왈 치관   막약평   임재   막약렴

≪경행록≫에서 말하였다.[1] "정사를 다스리는 요점은 공평함과 깨끗함이요, 가정을 이루는 법도는 검소함과 부지런함이니라."

글을 읽는 것(공부)은 집안을 일으키는 근본이요, 사리(이치)를 따르는 것은 집안을 보존하는 근본이요, 부지런하고 검소함은 집안을 다스리는 근본이요, 화목하고 순종함은 집안을 가지런히 하는 근본이니라.

≪공자삼계도≫에 말하였다. "일생의 계획은 어릴 때에 있고, 일 년의 계획은 봄에 있고, 하루의 계획은 새벽에 있나니, 어려서 배우지 않으면 늙어도 아는 것이 없고, 봄에 밭 갈고 씨 뿌리지 않으면 가을에 바랄 것이 없으며, 새벽 일찍 일어나지 않으면 하루를 힘쓸 바가 없느니라."

충자가 말하였다. "관직을 다스림에는 공평함이 제일이고, 재물을 대할 때는 청렴함이 첫째이니라."

- 위정(爲政): 정치를 행함.
- 순리(循理): 도리에 순종함. 순조로운 이치.
- 근검(勤儉): 부지런하고 검소함.
- 화순(和順): 온화하고 양순함.
- 제가(齊家): 집안을 바로 다스림.
- 임재(臨財): 재물을 임함.

 **한자의 뜻과 소리**

政(정사 정) 道(길 도) 儉(검소할 검) 起(일어날 기)
本(근본 본) 循(좇을 순) 理(다스릴 리) 保(지킬 보)
治(다스릴 치) 順(순할 순) 計(꾀 계) 圖(그림 도)
幼(어릴 유) 春(봄 춘) 若(같을 약) 秋(가을 추)
辨(힘쓸 판) 官(벼슬 관) 臨(임할 임) 老(늙을 노(로))
齊(가지런할 제) 勤(부지런할 근) 寅(새벽 인)

 **보충설명**

1. 집안이 잘 되게 하는 네 가지 근본을 말하고 있다. 즉 독서(공부), 순리, 근검, 화순 이 네 가지를 가족이 실천하면 반드시 가정이 융성하고 평화로워진다고 가르치고 있다.

 집에서 아들 딸이 책을 읽고 공부하는 모습을 보면 그 집이 참으로 행복해 보인다. 이런 집은 훗날 반드시 일어날 것이다. 그리고 가족이 모두 질서를 존중하고 자연의 이치대로 살아가면 아무 탈이 없으며, 항상 생활에 부지런하고 돈과 물자를 절약하며 검소하게 살아야 복을 받는다는 말이다.

오늘은 다시 안 온다

오늘 하루!

스물네 시간밖에 안 되는 하루라는 기간은 모든 사람에게 참으로 귀중한 시간입니다.

그런데 우리는 보통 "하루쯤이야." 하면서 오늘의 일을 내일로 미루곤 합니다.

사람의 일생이란 결국 하루의 연속이라 하겠습니다. 그러므로 오늘 하루는 지나가는 세월 속의 한 부분으로 다시 돌아올 수 없는 귀중한 순간입니다.

이 귀중한 하루하루를 헛되지 않게 살아가는 사람이야말로 매우 지혜롭다고 하겠습니다.

공부하는 학생은 그 날의 계획대로 책을 벗삼아 공부를 열심히 해야 하고, 농부는 때를 맞추어 밭을 갈고 씨를 뿌리며, 제때에 거두는 일을 해야 합니다.

어느 분야에서 일을 하든지 하루는 중요합니다.

우리 나라 속담에 '바늘 도둑이 소 도둑 된다.'는 말이 있습니다.

바늘 한 개를 훔치는 것이 뭐가 그리 큰 죄가 되느냐고 생각할 수도 있습니다. 그러나 계속하다 보면 나중에는

本 근본 본
本
計 꾀 계
計
幼 어릴 유
幼
春 봄 춘
春

자기도 모르게 소를 훔치는 큰 도둑이
되어 버립니다.
 하루를 우습게 여기고 오늘 할 일을 내일로 미루다 보면, 내일 할 일을 또 모레로 미루게 되고…… 이러다 보면 하루 걸릴 일이 이틀 걸리게 되고, 이틀 걸리는 일은 또 사흘 걸리는 일로 눈덩이처럼 불어나고 맙니다. 그러다가 아무것도 못하고 세월을 보내 버리므로 삶 전체를 망치게 됨은 뻔한 노릇입니다.

옛 어른이 쓴 한시(漢詩)에 이런 것이 있습니다.

少年易老學難成(소년이로학난성)
一寸光陰不可輕(일촌광음불가경)

소년은 늙기 쉽고 학문은 이루기 어렵나니
우리 어찌 한 치의 시간인들 가벼이 보낼소냐.

시간의 아까움을 읊은 것으로, 우리에게 큰 가르침을 주고 있는 시입니다.

어린 시절에는 하루라는 기간이 몹시 길게 느껴집니다. 그래서 빨리 학년이 높아졌으면 하고 바라고, 빨리 자라서 어른이 되고 싶어합니다. 그러나 막상 어른이 되고 나면 어린 시절이 몹시 그리워지고, 어렸을 때 좀더 열심히 공부했더라면 지금보다 훨씬 훌륭한 사람이 되었을 텐데 하는 아쉬움을 가지게 됩니다.

여러분은 이솝 우화에 나오는 '개미와 베짱이' 이야기를 알 것입니다.

오늘은 한 번 가면 다시 돌아오지 않는다는 것을 깨달은 개미와, 오늘이 가도 오늘과 똑같은 내일이 있으니 오늘 일을 내일 하면 될 거라고 믿었던 베짱이의 성공과 실패를 비교해 놓은 재미있는 이야기입니다.

여기에서 우리는 시간의 귀중함과 삶의 노력이 얼마나 값진 것인가를 깨달을 수 있습니다.

서양 격언에 '시간은 금이다.'라는 말이 있습니다.

시간이란 것은 눈에 보이지는 않지만 실로 금만큼 아니, 금보다 몇 배 귀한 것임에 틀림없습니다. 그러므로 우리는 한 번밖에 없는 오늘의 이 순간을 값지고 보람 있게 보내야 합니다.

계획이란 본래 '이렇게 할 것이다.'라는 예상과 가정이기 때문에 100퍼센트 꼭 맞추기는 어렵습니다. 그러나 처음부터 계획을 세워 놓고 실천하는 것과 아무 계획도 없이 그때 그때 형편과 기분에 따라서 일을 행하는 것은 그 결과에 엄청난 차이가 있게 마련입니다.

　비록 오늘이 내일로 이어진다고 하더라도 오늘은 오늘일 뿐, 영원히 흘러가 버리고 맙니다. 그러므로 시간은 금보다 귀하고 소중한 것임을 깨달아야 하겠습니다.

1. 앞의 경행록의 인용 구절에서 독서의 중요함을 나타낸 구절을 찾아 한자로 적어 봅시다.

2. 가정을 잘 되고 행복하게 하는 네 가지 근본은 무엇입니까?

치정편
나라를 다스림에 관한 가르침

14. 관리의 바른 자세

★ 明道先生曰 一命之士도 苟存心於愛物이면 於人에 必有所濟니라.
　　명도선생왈　일명지사　　구존심어애물　　　어인　　필유소제

★ 童蒙訓曰 當官之法이 唯有三事하니 曰淸曰愼曰勤이니 知此三者면
　　동몽훈왈　당관지법　　유유삼사　　　왈청왈신왈근　　　지차삼자

則知所以持身矣니라.
즉지소이지신의

當官者는 必以暴怒爲戒하여 事有不可어든 當詳處之면 必無不中이어니와
당관자　필이폭노위계　　　　사유불가　　　당상처지　　필무부중

若先暴怒면 只能自害라 豈能害人이리오.
약선폭노　　지능자해　　기능해인

劉安禮가 問臨民한데 明道先生이 曰 使民으로 各得輸其情이니라.
유안례　　문임민　　　　명도선생　　왈 사민　　　각득수기정

問御吏한데 曰 正己以格物이니라.
문어리　　　왈 정기이격물

관리는 국민에게 봉사하는 사람

　명도 선생이 말하였다. "처음으로 벼슬을 얻은 선비라도 만일 모든 것을 사랑하는 데 마음을 둔다면, 사람에게 반드시 구제하는 바가 있느니라."
　≪동몽훈(童蒙訓)≫에서 말하였다. [1]"관직에서 지켜야 할 법이 오직 세 가지 있으니, 청렴과 신중과 근면이니라. 이 세 가지를 알면 몸가짐 바를 알 것이니라."
　관직에 있는 자는 갑자기 성내는 것을 경계하여 일에 옳지 않음이 있을 때 자상하게 처리하면 반드시 바로잡아지거니와, 만약 갑자기 먼저 성을 내면 자신에게 해로울 뿐만 아니라 남을 해칠 수 있느니라.
　유안례가 백성을 대하는 도리를 묻자, 명도 선생이 말하였다. "백성으로 하여금 각기 자기 뜻을 모두 말하게 할지니라." 하였다. 또 아전(衙前)을 거느리는 도리를 묻자 말하였다. "자신을 바르게 함으로써 남을 바르게 할지니라."

- 임민(臨民) : 백성을 대함.
- 폭노(暴怒) : 일을 살펴보지 않고 갑자기 성냄.
- 치정(治政) : 정사를 다스림. 나라 일을 봄.
- 불가(不可) : 아니 됨.
- 당관자(當官者) : 업무를 담당한 관리.

치정편

 **한자의 뜻과 소리**

先(먼저 선)　　命(목숨 명)　　士(선비 사)　　苟(진실로 구)
存(있을 존)　　愛(사랑 애)　　物(만물 물)　　濟(건질 제)
童(아이 동)　　訓(가르칠 훈)　當(당할 당)　　官(벼슬 관)
法(법 법)　　　喩(깨우칠 유)　御(어거할 어)　愼(삼갈 신)
持(가질 지)　　矣(어조사 의)　怒(성낼 노)　　戒(경계할 계)
害(해칠 해)　　豈(어찌 기)　　劉(어길 유(류)) 安(편안할 안)
情(뜻 정)　　　問(물을 문)　　民(백성 민)　　各(각각 각)
輸(나를 수)　　祥(상서로울 상)　　暴(사나울 폭)
吏(벼슬아치 리)　格(바로잡을 격)　臨(임할 임(림))

 **참고자료**

❶ 명도(明道)선생 : 중국 북송(北宋) 때의 이름난 학자이다.

❷ 동몽훈(童蒙訓) : 중국 송나라 학자 여본중(呂本中)이 아이들에게 교훈이 될 내용으로 꾸민 책이다.

 보충설명

1. 공무원은 무슨 일을 맡아 모든 국민을 위해 봉사하는 것이 첫째 임무이다. 그러므로 공무원의 자세는 청렴, 신중, 근면 세 가지를 잘 지켜야 한다.

　공무원 중 높은 자리나 중요한 일을 보는 자리에 앉게 되면 간혹 자기 이익을 취하려는 사람이 있다. 그럴 때 깨끗한 마음가짐으로 일을 공정하게 보아야 한다. 또한 한 가지 일을 처리하는 데 생각을 깊이 하여 후회되지 않게 잘 해야 된다. 그리고 맡은 일에 최선을 다해 부지런히 하는 것이 공무원의 도리이다.

어린 사또의 명판결

한 나그네가 산길을 가다가 족제비 한 마리를 만났어요. 아주 윤기나는 털족제비였어요.

'옳지! 저놈을 잡으면 그 털로 수십 자루의 붓을 만들겠구나.'

나그네는 가던 길을 멈추고 족제비를 쫓기 시작했어요. 그러나 워낙 몸이 날렵한 족제비라 쉽게 잡힐 리가 있나요? 나그네는 온종일 땀을 뻘뻘 흘리며 그 족제비를 쫓아다녔어요. 나그네와 족제비는 쫓고 쫓기면서 마을 가까이까지 내려왔어요.

'네놈이 어디까지 달아나나 보자.'

나그네가 족제비를 열심히 뒤쫓고 있는데, 골목에서 난데없이 개 한 마리가 뛰어나오더니 '웬떡이냐?' 하며 족제비를 덥석 물고 달아나지 뭐예요.

"이놈의 검둥개야! 그 족제비는 내 거다. 내놓아라!"

나그네는 고래고래 소릴 지르며 개를 쫓아갔어요. 개는 산 밑의 외딴집으로 들어가 버렸어요.

이 때 집 주인이 나오면서 나그네에게 소리쳤어요.

"대체 무슨 일이오?"

官 벼슬 관
官
安 편안할 안
安
各 각각 각
各
吏 벼슬아치 리
吏

"저 검둥개가 내 족제비를 채어 갔단 말이오! 어서 족제비를 돌려 주시오."

나그네는 몹시 화가 난 듯 씨근거리며 말하는 것이었어요.

"우리 개가 잡은 족제비를 돌려 달라니 말이 되는 소리요?"

집 주인은 어처구니없다는 표정을 지었어요.

"내가 저 산길에서 족제비를 만나 지금껏 쫓고 있는데 검둥개가 가로채어 갔단 말이오!"

"그건 댁의 사정이고 족제비를 잡은 건 우리 개란 말이오."
"흥, 좋소! 족제비를 내놓지 않으면 관가에 고소하겠소."
"원, 별 희한한 소릴 다 들어 보겠군. 마음대로 하시오!"
"그럼 관가로 갑시다. 원님은 올바른 판결을 내릴 것이오."
"좋아요. 갑시다!"
나그네와 외딴집 주인은 관가로 가게 되었어요.
얼마쯤 가다 보니 시냇가 모래밭에서 원님놀이를 하고 있는 아이들을 만났어요. 이것을 보고 외딴집 주인이 나그네를 보고 말했어요.
"이걸 가지고 관가까지 갈 게 아니라, 저 꼬마 원님에게 재판을 받는 것이 어떻겠소?"
"그거 좋은 생각이오."
그들은 꼬마 원님 앞으로 갔어요. 모래로 쌓아 올린 단 위에 의젓하게 앉아 있던 꼬마 원님이 두 사람에게 엄숙하게 물었어요.
"에헴! 그대들은 무슨 일로 왔는고?"
그러자 나그네가 먼저 지금까지 있었던 일을 말했어요. 그 말이 끝나자 검둥개 주인이 팔을 내저으며 말했어요.
"사또! 족제비를 저 사람이 쫓긴 했어도 분명히 우리 개가 잡았습니다."
양쪽 주장을 다 듣고 난 어린 원님은 잠시 생각하더니 이렇게 말했어요.
"허허, 그건 아주 간단한 일이군!"

어린 꼬마 원님은 두 사람을 바라보더니 또박또박 판결을 내렸어요.
"나그네는 족제비의 털이 필요한 것이고, 개는 족제비의 고기를 먹고 싶은 것이니, 족제비 가죽은 나그네가 갖고, 그 고기는 외딴집 주인이 가져가 개에게 주도록 하라!"
꼬마 원님의 판결이 떨어지자 두 사람은 넙죽 엎드려 절을 했어요.
"사또! 과연 명판결이옵니다."
"감사합니다, 원님."
이리하여 나그네는 족제비 털가죽을 받아 들고 다시 길을 떠났답니다.

1. 나랏일을 보는 공무원은 어떤 자세를 가져야 할까요?
2. 읽기 자료의 '어린 사또'의 판결이 훌륭한 점을 말해 봅시다.

15. 화목은 만사를 이루네

待客엔 不得不豊이요, 治家엔 不得不儉이니라.
대객　부득불풍　　치가　부득불검

子孝雙親樂이요, 家和萬事成이니라.
자효쌍친락　　　가화만사성

凡使奴僕이 先念飢寒이니라.
범사노복　선념기한

景行錄에 云 觀朝夕之早晏하여
경행록　운 관조석지조안
可以卜人家之興替니라.
가이복인가지흥체

집안을 잘 다스리는 기본

1 손님을 접대함에는 풍성하게 대접하지 않으면 안 되고, 집안을 다스리는 데는 검소하게 하지 않으면 안 되느니라.

2 자식이 효도하면 두 분 부모가 즐겁고, 가정이 화목하면 만사가 이루어지느니라.

3 무릇 노복을 부릴 때에는 먼저 그들의 춥고 배고픔을 생각할지니라.

《경행록》에서 말하였다. "아침 일찍 일어나고 저녁에 늦게 자는 것을 보아, 그 사람의 가정이 흥하고 쇠퇴하는 것을 예측할 수 있느니라."

- 치가(治家) : 집(가정)을 다스림.
- 대객(待客) : 손님을 접대함.
- 쌍친(雙親) : 양친. 아버지와 어머니.
- 만사(萬事) : 모든 일.
- 노복(奴僕) : 종, 하인.
- 흥체(興替) : 일어나고 주저앉음. 흥하고 쇠함.

손님 객

客

풍성할 풍

豊

豊

다스릴 치

治

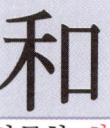

화목할 화

和

한자의 뜻과 소리

待(기다릴 대) 客(손님 객) 豊(풍성할 풍) 雙(쌍 쌍)
和(화목할 화) 凡(무릇 범) 奴(종 노) 僕(종 복)
飢(주릴 기) 寒(찰 한) 興(흥할 흥) 替(바꿀 체)
早(이를 조) 晏(늦을 안) 卜(점 복) 念(생각할 념(염))

보충설명

1. 요즘은 손님을 집으로 모셔 오지 않는다. 대개는 밖에서 식당 혹은 찻집에서 대접하고 보낸다. 그러나 옛날에는 집에서 손님을 맞이했다. 집에 찾아온 손님에게는 융숭히 대접하는 것이 예의였다. 손님을 푸대접해 보내면 손님이 찾아갔던 집에 대하여 좋은 이야기를 하지 않게 된다.

2. 가정의 행복은 집이 크고 재산이 많은 것이 아니다. 아들 딸이 부모님께 순종하고 효도하여 부모님의 마음이 편안해야 행복한 것이다.

3. 여기에서 노복이란 운전 기사, 파출부 같은 집안의 일을 돕거나 돌봐 주는 사람을 말한다. 옛날에는 집에서 부리는 종, 하인 등을 노복이라 했다.

황희 정승

황희 정승은 조선 세종 대왕 때 오랫동안 영의정을 지낸 분입니다. 검소한 생활을 하면서 임금님의 마음을 편안하게 해 드리고 백성을 몹시 사랑하여, 당시에는 '황희 정승' 하면 모르는 사람이 없을 정도였지요.

세종 대왕이 집현전 학사들과 오랜 세월 연구하여 마침내 우리의 글자 '한글'을 창제한 것도 따지고 보면 황 정승 같은 어진 분이 임금님을 잘 보필해 주었기 때문이라고 할 수 있습니다.

황희 정승은 최고의 관직인 영의정을 지내면서도 집은 초라하고 살림살이는 늘 쪼들렸습니다. 비가 오면 방에 빗물이 샐 정도였답니다. 조금이라도 여유가 생기면 이웃의 가난한 사람들에게 나누어 주기 때문에 자신은 언제나 부족한 생활을 하게 된 것이지요.

"영의정 대감인데 뭐가 부족하겠어? 괜히 재물을 숨겨 두고 겉으로 엄살을 부리는 거야."

황희 정승을 보고 어떤 사람들은 이렇게 오해를 하기도 했습니다.

그러던 어느 날 갑자기 황희 정승 집에 세종 임금님께

서 찾아오셨습니다. 너무도 뜻밖이어서 황 정승과 부인은 버선발로 달려나와 임금님을 맞이하였습니다.
"상감 마마, 이 누추한 곳에 어인 행차이시옵니까? 어서 안으로 드시옵소서."
"과인이 영의정 댁을 방문한 것이 뭐 그리 놀랄 일이오!"

세종 임금님은 마당에서 황 정승의 초라한 집을 한번 둘러본 뒤 사랑방으로 들어갔습니다.
　그런데 이게 어찌 된 일입니까?
　조선의 최고 관직에 있다는 영의정의 집은 세종 임금님이 보기에도 너무 초라했습니다. 방바닥에는 멍석만 깔린 채 손님이 앉을 자리 한 곳만 낡은 돗자리가 깔려 있는 것이었습니다. 천장은 여기저기 빗물이 새어 얼룩져 있었습니다.
　세종 임금님은 잠시 앉았다 일어나서 밖으로 나왔습니다.
　'허, 내 곁에 이런 선비가 있다는 건 참으로 큰 복이 아닐 수 없군!'
　이렇게 생각한 세종 임금님이 황 정승에게 웃으며 말했습니다.
　"경의 집이 과인의 집보다는 좀 작지만 등이 가려울 때 그 멍석에 긁으면 얼마나 시원하시겠소? 허허허……."
　이처럼 검소하게 살면서 백성을 사랑한 황희 정승이었습니다. 그래서 지금도 많은 사람들은 황희 정승을 높이 존경하고 있습니다.

1. 손님 접대를 풍성하게(후하게) 해야 하는 까닭은 무엇입니까?
2. 행복한 가정이란 어떤 집안을 말하는지 말해 봅시다.

안의편
옳은 일의 도리를 가르침

16. 형제는 손발과 같으니

顔氏家訓曰 夫有人民而後에 有夫婦하고 有夫婦而後에 有父子하고
안씨가훈왈 부유인민이후 유부부   유부부이후   유부자

有父子而後에 有兄弟하니 一家之親은 此三者而已矣라
유부자이후 유형제   일가지친   차삼자이이의

自玆以往으로 至于九族이 皆本於三親焉이라.
자자이왕   지우구족   개본어삼친언

故로 於人倫에 爲重也니 不可不篤이니라.
고   어인륜   위중야   불가부독

莊子曰 兄弟는 爲手足하고 夫婦는 爲衣服이니 衣服破時에는
장자왈 형제   위수족   부부   위의복   의복파시

更得新이어니와 手足斷處에는 難可續이니라.
갱득신   수족단처   난가속

蘇東坡云 富不親兮貧不疎는 此是人間大丈夫요,
소동파운 부불친혜빈불소   차시인간대장부

富則進兮貧則退는 此是人間盡小輩니라.
부즉진혜빈즉퇴   차시인간진소배

 옳고 그름을 가릴 줄 아는 힘

　≪안씨가훈≫에 말하였다. "사람이 있은 후에 부부가 있고, 부부가 있은 후에 아버지와 아들이 있고, 아버지와 아들이 있은 뒤에 형과 아우가 있으니, 한 집안의 친족은 이 세 가지뿐이다. 이로부터 나아가 구족(九族)에 이르기까지 모두 이 삼친(三親)에 근본을 둔다. 이것이 인륜에 있어 가장 중요한 것이니 돈독하게 하지 않을 수 없느니라."

　장자가 말하였다. [1]"형제는 수족과 같고 부부는 의복과 같으니, 의복이 떨어졌을 때는 다시 새 것으로 갈아입을 수 있으나 수족이 끊기면 잇기가 어려우니라."

　소동파가 말하였다. "부유해도 친하지 않고 가난해도 소원히 대하지 않는 것이 바로 인간의 대장부요, 부유하면 가까이 하고 가난하면 물러나는 것은 인간으로서 진짜 소인배니라."

- 구족(九族) : 고조(高祖 : 할아버지의 할아버지) 때부터 자기의 현손(玄孫 : 손자의 손자)까지 9대의 일가. 즉, 모든 일가를 뜻함.
- 인륜(人倫) : 사람이 지켜야 할 윤리.
- 삼친(三親) : 부부, 부모 자식, 형제.
- 대장부(大丈夫) : 사내답고 씩씩한 남자.
- 수족(手足) : 손과 발.
- 소배(小輩) : 소인배. 간사하고 도량이 좁은 사람.

訓 가르칠 훈
婦 아내 부
兄 형 형
弟 아우 제

 **한자의 뜻과 소리**

顔(성씨 안)   氏(성 씨)   後(뒤 후)   婦(아내 부)
弟(아우 제)   玆(이 자)   于(어조사 우)   手(손 수)
輩(무리 배)   族(겨레 족)   焉(어찌 언)   故(옛 고)
衣(옷 의)   篤(도타울 독)   服(옷 복)   破(깨뜨릴 파)
時(때 시)   更(다시 갱)   新(새로울 신)   斷(끊을 단)
續(이을 속)   蘇(성씨 소)   兄(형 형)   東(동녘 동)
坡(고개 파)   丈(어른 장)   進(나아갈 진)   眞(참 진)
倫(인륜 륜(윤))

 **참고 자료**

① 안씨가훈(顔氏家訓) : 중국 제나라 때 사람 안지추(顔之推)가 후손에게 경계하기 위해 쓴 책이다.

 **보충설명**

1. 옷은 헤어지거나 없어졌을 때 새로 사 입을 수 있다. 부부는 살다가 이혼하고 다시 재혼하면 그만이다.

그러나 사람이 손발을 다쳐서 불구가 되거나 하면 다시 성한 사람으로 돌아올 수 없다. 형제의 정과 의리도 마찬가지다. 그러므로 형제 자매는 늘 우애 있게 도우며 살아가야 한다는 뜻이다.

강물에 버린 금덩이

옛날에 의좋은 형제가 살고 있었습니다.

형제는 집을 나란히 지어 놓고 정답게 살면서, 어려운 일이 있을 때는 힘을 합쳐서 금방 해 내곤 하여 다른 사람들이 매우 부러워하였습니다.

하루는 두 형제가 먼 길을 가게 되었습니다. 그들은 괴나리 봇짐에 점심밥까지 준비해 가지고 의좋게 길을 걸어갔습니다.

"형님, 올해는 날씨가 좋아서 온갖 곡식과 과일이 잘 여물겠습니다."

"암, 그렇고말고. 이렇게 풍년이 들게 해 모든 사람들의 근심 걱정을 덜게 해 준 하느님께 감사해야겠네."

형제는 다정하게 이야기꽃을 피우면서 산길을 걸어갔습니다. 그 때 우연히 길가에 주머니 하나가 떨어져 있는 것을 발견하였습니다.

"아, 형님! 이 산길에 웬 주머니가 떨어져 있을까요?"

"글쎄 말이다. 누가 흘린 모양인데……."

"형님, 주울까요?"

"그러자꾸나. 이키! 이건 금덩이가 아니냐?"

衣 옷 의
衣
更 다시 갱
更
故 옛 고
故
丈 어른 장
丈

"아이고머니나! 금덩어리예요. 우리 큰 횡재를 했네요."
"암, 그렇고말고."
형제는 주운 금덩이를 번갈아 가면서 만져 보며 다시 길을 갔어요.
그런데 두 형제의 마음 속에서 이상한 생각이 싹트기 시작하였습니다.
'형님이 아니었더라면 이 큰 금덩이는 나 혼자 몽땅 가질 수 있었는데…….'
동생은 이런 마음이 생겼습니다.
'에이, 속상해! 이런 때 아우만 없다면 저 금덩이는 나 혼자 차지하는 건데 말야.'

형은 형대로 이런 마음이 싹트기 시작하였어요.
　그뿐만이 아니었습니다. 형제는 겉으로는 아무렇지도 않은 체하면서도 어떻게 하면 자기가 금을 좀더 많이 차지할 수 있을까 하는 생각으로 머릿속이 꽉 찼습니다.
　그들은 한동안 말없이 걸었습니다. 얼마쯤 걷다 보니 강물이 나타났습니다. 형제는 나룻배를 타고 강을 건너게 되었습니다.
　강의 한가운데쯤 이르렀을 때, 형이 입을 열었습니다.
　"동생, 아무래도 이 금덩이는 강물에 던져 버렸으면 싶네."
　"형님, 그게 좋겠어요. 이 금덩이를 주운 뒤부터 쓸데없는 욕심이 자꾸만 생겨서 안 되겠어요."
　"나도 그런 마음이 생겼다네. 이 금덩이보다야 우리 형제의 우애가 더 귀중하지 않겠나?"
　형제는 밝은 얼굴로 금덩이를 강물에 풍덩 던져 버렸습니다.
　그 후 형제의 우애는 평생 동안 변치 않았습니다.

1. 가족의 기본이 삼친이라고 하는 까닭을 생각해 봅시다.
2. 장자의 가르침에서 형제를 손과 발에 비유한 이유는 무엇입니까?

준례편
꼭 지켜야 할 예절의 가르침

17. 바른 행동과 마음가짐

子曰 君子有勇而無禮면 爲亂이요, 小人有勇而無禮면 爲盜니라.
자왈 군자유용이무례 위란   소인유용이무례 위도

老少長幼는 天分秩序니 不可悖理而傷道也니라.
노소장유   천분질서   불가패리이상도야

父不言子之德하고 子不談父之過니라.
부불언자지덕   자불담부지과

出門如見大賓하고 入室如有人하라.
출문여견대빈   입실여유인

若要人重我면 無過我重人이니라.
약요인중아   무과아중인

왜 예의범절을 지켜야 하는가

　공자가 말하였다. "군자가 용맹만 있고 의가 없으면 난리를 일으키고, 소인이 용맹만 있고 의가 없으면 도둑질을 하느니라."
　늙은이와 젊은이, 어른과 어린이는 하늘이 정한 질서이니, 이치를 어기고 도리를 상하게 해서는 안 되느니라.
　[1]아버지는 아들의 덕을 말하지 않으며, 자식은 어버이의 허물(잘못)을 말하지 않느니라.
　밖에 외출해서는 큰 손님을 만나듯이 하고, 방 안에서는 혼자 있어도 다른 사람이 있는 것처럼 하라.
　만약 남이 나를 소중하게 생각하기를 바라거든, 내가 먼저 남을 소중히 하는 것보다 더한 것이 없느니라.

- 노소(老少): 늙은이와 젊은이.
- 장유(長幼): 어른과 아이.
- 질서(秩序): 사물의 조리 또는 그 순서.
- 군자(君子): 학식과 덕행이 높은 사람. 반 소인
- 대빈(大賓): 큰 손님.
- 입실(入室): 방에 들어옴.

늙은이 **노**

나눌 **분**

젊은이 **소**

말씀 **언**

 **한자의 뜻과 소리**

盜(훔칠 **도**)　　少(젊은이 **소**)　　長(어른 **장**)　　分(나눌 **분**)
秩(차례 **질**)　　序(차례 **서**)　　像(형상 **상**)　　談(말씀 **담**)
賓(손님 **빈**)　　重(무거울 **중**)　　過(지날 **과**)
亂(어지러울 **란**(**난**))　　悖(어그러질 **패**)

 보충설명

1. 사람이 꼭 알고 실천해야 할 '의' 즉 바른 도리는 윗사람과 아랫사람의 예의와 질서이다. 아무리 세상이 바뀌고 달라졌다 하더라도 사람이 위아래를 몰라 보거나 무시하면 가정이나 사회는 무질서해진다.

　그러므로 가정에서는 아들이 아무리 잘 나고 뛰어난 재주를 가졌다 하더라도 아들의 덕을 내세우지 않는다.

　반대로 아버지가 변변치 못하고, 가족 앞에 잘못하는 일이 있더라도 아들이 아버지의 허물을 말하는 것은 큰 불효라는 뜻이다.

집을 나설 때, 돌아올 때

우리는 아침이면 집을 나서고 저녁이면 돌아옵니다. 그럴 때마다 반드시 지켜야 할 예절이 있습니다.

"어머니, 문구점에 가서 공책 사 가지고 오겠어요."

"아버지, 바둑이 데리고 바람 좀 쐬고 오겠습니다."

집을 나설 때는 반드시 부모님께 다녀올 곳을 정확히 말씀드려야 하겠습니다. 또, 외출할 때도 어른의 허락을 받아야 할 경우가 있습니다.

친구 집에 놀러 가든지 강이나 수영장으로 물놀이 갈 때는 반드시 집안 어른의 허락을 받아야 합니다. 어른이 허락해 주었을 때라도 이렇게 말씀드리는 것이 좋습니다.

"용규라는 우리 반 친구한테 생일 잔치 초대를 받았거든요. 오후 3시까지는 꼭 돌아오겠습니다."

이와 같이 가는 곳과 돌아오는 시간을 정확히 말씀드려야 하고, 또 돌아오기로 약속한 그 시간은 꼭 지켜야 합니다.

밖에 나갔다 돌아오면 반드시 어른 앞에 가서,

"어머니, 다녀왔습니다."

長 어른 장
序 차례 서
悖 어그러질 패
積
談 말씀 담

"아버지, 지금 돌아왔습니다."
하고 말씀드려야 합니다.

아버지, 어머니가 별로 바쁜 시간이 아니라면 다정하게 앉아 밖에서 있었던 일들을 소상하게 말씀드리는 것이 부모님의 궁금증을 풀어 드리는 일입니다.

"어머니, 오늘 용규 생일 잔치에는 저하고 영종이, 진아, 옥희가 초대되어 아주 재미있게 보냈어요. 용규 어머니가 맛있는 음식을 많이 준비해 주셨어요. 제가 좋아하는 피자도 나왔어요. 어떻게나 많이 먹었는지 지금도 이렇게 배가 불러요."

이렇게 자세한 이야기를 들려 드리면 어머니, 아버지는 무척 기뻐하실 것입니다.

예로부터 '출필고 반필면(出必告 反必面)'이라 해서 집을 나설 때는 어른께 고하고, 돌아와서는 반드시 어른 앞에 얼굴을 보이고 인사드리는 것을 기본 예의라 하였습니다.

집안의 어른이 볼일 보러 나가실 때는 반드시 문 앞까지 나가서 인사를 드려야 합니다.

"할머니, 편안히 다녀오세요."

"아버지, 안녕히 다녀오세요."

어른이 나가시는 것을 알면서도 공부한다는 핑계로 그대로 방안에 박혀 있다든지, 아니면 자기 방에서 목만 내밀고 "다녀오세요." 하는 형식적인 인사를 해서는 안 됩니다.

어른이 밖에서 돌아오시면 하던 일을 멈추고 나아가,

"할머니, 이제 돌아오세요?"

하고 인사로 맞이해야 합니다. 이렇듯 참다운 인사는 마음에서 우러나오는 표현이어야 하겠습니다.

1. 가정이나 사회에 기본 예의가 없으면 어떻게 될까요?

2. 집에서 나가고 들어올 때 가장 먼저 해야 할 예절은 어떤 것인지 이야기해 봅시다.

언어편
올바른 언어생활에 관한 가르침

18. 말은 혀를 베는 칼

劉會曰 言不中理면 不如不言이니라.
유회왈 언불중리　불여불언

一言不中이면 千語無用이니라.
일언불중　　 천어무용

君平曰 口舌者는 禍患之門이요, 滅身之斧也니라.
군평왈 구설자　 화환지문　　　멸신지부야

利人之言은 煖如綿絮하고 傷人之語는 利如荊棘하여
이인지언　 난여면서　　 상인지어　 이여형극
一言利人에 重値千金이요 一語傷人에 痛如刀割이니라.
일언이인　 중치천금　　 일어상인　 통여도할
口是傷人斧요 言是割舌刀이니
구시상인부　 언시할설도
閉口深藏舌이면 安身處處牢니라.
폐구심장설　　 안신처처뢰

말은 한번 뱉으면 다시 담을 수 없다

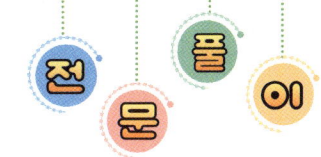

유회가 말하였다. "말이 이치에 맞지 아니하면 차라리 말하지 않은 것만 못하느니라."

한 마디 말이 옳지 않으면 천 마디 말이 쓸데없느니라.

군평(君平)이 말하였다. "입과 혀는 재앙과 근심의 문이요. 몸을 망치는 도끼와 같으니라."

[1]사람을 이롭게 하는 말은 따뜻하기가 비단 솜 같고, 사람을 상하게 하는 말은 따가운 가시 같아서 사람을 이롭게 하는 말 한 마디는 소중하기가 천금 같고, 사람을 중상하는 말은 아프기가 칼로 도려 내는 것과 같으니라.

입은 타인을 상하게 하는 도끼요, 말은 혀를 베는 칼이니, 입을 막고 혀를 깊이 감추면 몸이 어느 곳에 있어도 편안하니라.

- 멸신(滅身) : 몸을 망침.
- 면서(綿絮) : 목화솜.
- 형극(荊棘) : 가시, 가시밭.
- 중치(重値) : 소중한 가치.
- 화환(禍患) : 화난, 재앙과 환난.
- 폐구(閉口) : 입을 다물다.

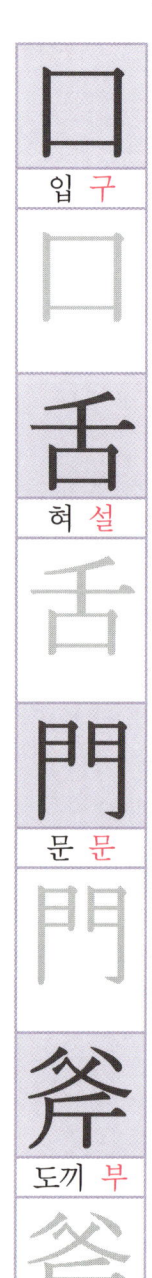

 **한자의 뜻과 소리**

語(말씀 어)　　用(쓸 용)　　平(평평할 평)　　患(근심 환)
滅(멸망할 멸)　斧(도끼 부)　煖(따뜻할 난)　綿(솜 면)
絮(솜 서)　　　傷(상처 상)　痛(아플 통)　　值(값 치)
刀(칼 도)　　　割(나눌 할)　閉(닫을 폐)　　牢(견고할 뢰)
荊(가시 형)　　棘(가시 극)　利(이로울 이(리), 날카로울 이(리))

 **참고 자료**

❶ 군평(君平) : 한나라 무제 때 사람으로 엄군평(嚴君平)을 가리킨다.

 보충설명

1. 이 글에서는 말조심을 일깨워 주고 있다.

'말 한 마디에 천 냥 빚을 갚는다.' 는 속담이 있다. 말을 얼마나 잘 했으면 빚쟁이한테 말로 큰 빚을 갚겠는가?

똑같은 의미의 말이라도 상대방의 마음을 기쁘게 할 수 있고, 기분 나쁘게 할 수도 있다는 뜻이다.

얼굴이 못 생긴 친구 앞에서 어떻게 말하는 게 좋을까?

① "넌 왜 얼굴이 그렇게 못 생겼니? 정말 밥맛이야!"

② "넌 참 건강한 얼굴 모습이 좋아."

장점을 말하는 사람

우리는 혼자서는 살 수 없는 사회적 동물이기 때문에 날마다 사람들과 어울려 살아갑니다.

사람과 사람이 만나면 서로 말을 주고받습니다. 그 말이란 서로의 생각을 담아 전달하는 것인데, 말에는 좋은 것과 좋지 않은 것이 있습니다.

좋은 말이란 어떤 것일까요? 세상을 밝게 보는 말, 남의 좋은 장점을 찾아 이야기하는 말, 다른 사람의 부족하고 추한 것을 아름답게 감싸주는 말…… 이런 것들은 우리에게 좋은 말이라 할 수 있습니다.

반대로 좋지 않은 말은 늘 불평 불만으로 세상 모두를 어둡게만 보는 말, 앉기만 하면 남의 단점을 들추고 남을 헐뜯으며 흉보는 말, 아름다운 것을 아름답게 보지 않고 오히려 추하게 표현하는 말, 그러면서도 자기 자랑만 늘어놓는 말 같은 것을 들 수 있습니다.

그렇다고 해서 남 앞에서 아부하는 말이 좋은 것은 아닙니다. 오히려 그런 말은 하지 않는 편이 낫지요.

우리 속담에 '낮말은 새가 듣고 밤말은 쥐가 듣는다.'는 말이 있습니다. 또 '발 없는 말이 천 리 간다.'는 말

도 있습니다. 모두가 말을 조심하고 남에게 이익이 되는 말, 좋은 말을 골라 하라는 뜻을 지니고 있습니다.

  친구끼리는 아무 허물없이 지내기 때문에 곧잘 별명을 부릅니다. 그런데 그 별명에도 듣기 좋은 게 있고 듣기에 거슬리는 것도 있습니다.

  예컨대 그림을 잘 그리는 친구에게,

  "야, 환쟁이! 내 그림도 좀 그려 줘라."

하고 말하는 것과,

  "야, 만종의 화가 밀레! 내 그림 좀 도와 줘."

하는 것은 같은 뜻의 말이라도 듣는 사람의 기분이 전혀 다를 것입니다.

　다리가 불편하여 저는 친구를 보고 "야, 절뚝발이!" 하고 부른다면 어찌 될까요? 가뜩이나 다리가 불편한 사람인데, 그런 말을 들으면 못 견딜 만큼 기분이 상할 것입니다.

　이렇듯 우리는 어렸을 때부터 말을 조심하고, 때와 장소를 가려 사용할 줄 알아야겠습니다.

　말은 한번 뱉으면 다시 주워 담을 수 없습니다. 말을 잘못한 후에 그것을 다시 취소한다면 그 사람은 지조가 없고 변덕스럽다는 평을 듣기 쉽습니다.

　여러 사람이 모인 자리에서 남의 장점을 말할 줄 아는 사람은 그 자리에서 가장 존경받는 사람이 된다는 사실을 기억하기 바랍니다.

1. 군평의 말 "입과 혀는 몸을 망치는 도끼와 같다."고 한 뜻을 생각해 봅시다.

2. 살아가면서 항상 말조심을 해야 하는 까닭을 말해 봅시다.

교우편
좋은 친구를 사귀는 가르침

19. 좋은 벗은 값진 재산

酒食兄弟는 千個有로되 急難之朋은 一個無니라.
주식형제　천개유　　急難지붕　일개무

不結子花는 休要種이요, 無義之朋은 不可交니라.
불결자화　휴요종　　무의지붕　불가교

路遙에 知馬力이오, 日久에 見人心이니라.
노요　지마력　　일구　견인심

家語에 云 與好人同行이면 如霧中行하여
가어　운 여호인동행　　여무중행

雖不濕衣라도 時時有潤하고
수불습의　　시시유윤

與無識人同行이면 如厠中坐하여
여무식인동행　　여측중좌

雖不汚衣라도 時時聞臭니라.
수불오의　　시시문취

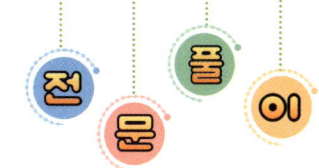

　술과 밥을 먹을 때는 형제처럼 친한 사람이 천 명이나 되지만, 위급하고 어려울 때 도와 줄 친구는 한 명도 없느니라.

　열매를 맺지 않는 꽃은 심지 말고, 의리가 없는 친구는 사귀지 말지니라.

　길이 멀어야 말의 힘을 알 수 있고, 날이 오래 지나야 사람의 마음을 알 수 있느니라.

　《가어》에 말하였다. "학문을 좋아하는 사람과 함께 가면 안개 속을 가는 것 같아서 비록 옷이 젖지 않아도 때때로 습기가 베어들고, 무식한 사람과 같이 가면 뒷간에 앉은 것 같아서 비록 옷은 더럽지 않지만 때때로 그 냄새가 나는 것 같으니라."

- 주식(酒食): 술과 밥.
- 불결자화(不結子花): 열매를 맺지 않는 꽃.
- 노요(路遙): 먼 길.
- 급난(急難): 위급한 환난.
- 일구(日久): 오랜 세월.

교우편

個
낱 개
個
急
급할 급
急
花
꽃 화
花
知
알 지
知

 **한자의 뜻과 소리**

個(낱 개)　　急(급할 급)　　朋(벗 붕)　　結(맺을 결)
花(꽃 화)　　休(쉴 휴)　　種(씨 종)　　交(사귈 교)
遙(멀 요)　　力(힘 력(역))　　霧(안개 무)　　濕(젖을 습)
潤(젖을 윤)　　臭(냄새 취)　　厠(측간 측)

 보충설명

이 글에서는 친구 사이의 의리를 강조하고 있다.

부모나 형제, 즉 가족에게는 말을 하기 어려운 비밀도 아주 친한 친구 한테 털어놓을 수 있다. 이만큼 사람에게 친구는 필요한 존재이다.

하지만 아무나 친구를 사귀어서는 안 된다. 앞의 글에서 이야기하듯 밥친구 술친구는 수없이 많지만, 진작 내가 어려움을 당했을 때 도와 주는 친구는 드물다.

한 명을 사귀더라도 정말 좋은 친구를 사귀어야 내가 살아가는 데 도움이 된다.

우암과 미수의 우정

조선의 숙종 임금 때는 당파 싸움이 매우 심했다고 역사에 기록되어 있습니다.

그 당시에 서인파의 우두머리는 우암 송시열이고, 그 반대파는 미수 허목이란 사람이었는데, 그들의 세력 다툼은 오랜 세월에 걸쳐 뿌리를 내리고 있어 서로 원수처럼 지내고 있었습니다.

그런데 어느 날 우암 송시열이 큰 병을 얻어 자리에 눕게 되었습니다. 그러자 집안 식구는 물론 그의 문하생들까지 나서서 용하다는 의원을 불러들이고 온갖 명약을 지어 와 병을 고치려 애를 썼습니다. 하지만 차도가 전혀 없어 모두들 큰 걱정을 하고 있었습니다.

그 때 송시열이 자리에 누워서 이렇게 말했습니다.

"내 병에는 백약이 무효이니, 이제 날 고칠 사람은 하나밖에 없네."

송시열을 지켜보고 있던 가족과 친지, 문하생들이 물어 보았습니다.

"바로 허미수라네. 그 사람은 내 병을 고칠 수 있을 것이니, 어서 가서 자초지종을 말하고 약을 지어 오도록 하게."

허미수! 바로 그 사람은 송시열과 원수지간인 허목이 아닙니까? 둘러앉았던 사람들은 깜짝 놀랐습니다.

"허목이라구요? 그 사람은 절대로 안 됩니다."

"그렇습니다. 그자는 우리를 원수로 알고 있는데 약을 짓다니요?"

"만일 짓는다 하더라도 그건 위험천만입니다."

사람들은 모두가 펄쩍 뛰며 반대했습니다.

그러나 송시열은 점잖게 말했습니다.

"죽어도 내가 죽을 것이니, 어서 다녀오도록 하게."

이 말을 듣고 가족들은 더 반대할 수 없어 하는 수 없이 허목을 찾아

가 사정 이야기를 했습니다.

 허목은 눈을 감고 잠시 생각하더니 약 처방전을 써 주었습니다.

 송시열의 가족이 처방전을 가지고 집에 돌아와 펴 보니 그건 뜻밖에도 위험천만한 극약들이었습니다.

 "이것 좀 보십시오. 이건 먹으면 죽는 약 아닙니까? 아무래도……."

 그러나 송시열은 주위 사람들의 말을 가로막으며 엄숙하게 말했습니다.

 "너희가 무얼 안다고 함부로 지껄이느냐! 허목은 그런 졸장부가 아니다. 어서 그 처방대로 약을 지어 오너라."

 결국 허목의 처방대로 지어 온 약을 먹고 송시열은 씻은 듯이 나아 일어났습니다. 이 광경을 본 사람들은 송시열과 허목의 큰 사람다운 도량과 우정에 감탄했습니다.

 서로 정치적인 입장은 달랐지만 허목을 믿고 의지한 송시열의 큰 마음과, 송시열을 이해하고 도운 허목의 너그러움은 우리에게 좋은 가르침을 주고 있습니다.

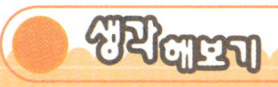

1. 주위의 친구 중에 정말 믿을 수 있는 벗이 있는가 생각해 봅시다.

2. 우암과 미수의 우정에 대하여 이야기해 봅시다.

부행편
부녀자의 행실에 관한 가르침

20. 결혼한 여자의 행실

太公曰 婦人之禮는 語必細니라.
태공왈 부인지례   어필세

賢婦는 令夫貴하고 佞婦는 令夫賤이니라.
현부   영부귀   영부   영부천

賢婦는 和六親하고 佞婦는 破六親이니라.
현부   화육친   영부   파육친

益智書에 云 女有四德之譽하니
익지서   운 여유사덕지예

一曰婦德이요, 二曰婦容이요,
일일부덕   이일부용

三曰婦言이요, 四曰婦工也니라.
삼일부언   사일부공야

결혼한 여자가 지켜야 할 일

태공이 말하였다.[1] "부인의 예절은 말소리가 부드럽고 가늘어야 하느니라."

[2] 어진 부인은 남편을 귀하게 만들고, 사악한 부인은 남편을 천하게 만드느니라.

[3] 어진 아내는 육친을 화목하게 하고, 간사한 아내는 육친의 화목을 깨뜨리느니라.

《익지서》에 말하였다. "여자에게 네 가지 아름다운 덕이 있으니 첫째는 부덕이요, 둘째는 용모요, 셋째는 말씨요, 넷째는 솜씨이니라."

- 부인(婦人):혼인한 여자.
- 현부(賢婦):현명한 부인.
- 영부(佞婦):간사한 부인. 사악한 부인.
- 육친(六親):원래 부·모·형·제·처·자의 여섯 친척을 가리키나, 널리 모든 친척을 가리킴.

가늘 세

어질 현

하여금 령

여섯 육

 **한자의 뜻과 소리**

細(가늘 **세**)   賢(어질 **현**)   令(하여금 **령**)   佞(아첨할 녕(**영**))
賤(천할 **천**)   益(더할 **익**)   譽(기릴 **예**)   智(지혜로울 **지**)
容(얼굴 **용**)   破(깨뜨릴 **파**)

 보충설명

1. 말소리가 부드럽고 가늘다는 말은 정겹고 낮은 음성을 뜻한다. 예로부터 여자들 말소리가 담장 밖까지 들려서는 안 된다고 했다. 그만큼 여자가 말할 때 조심성을 강조하였다.

2. 현명한 아내는 내조를 잘하여 남편을 출세시키고 존경받게 만든다. 그 반대로 사악한 아내는 남편을 망신시키고 천박스럽게 만든다.

3. 주부의 말과 행실에 따라 가족이 화목할 수도 있고, 가족과 친척이 불화하고 싸우는 경우도 있다. 이처럼 가정에서 주부의 역할은 매우 중요하다는 말이다.

슬기로운 랍비의 아내

≪탈무드≫에 이런 이야기가 있습니다.

'메이라'라는 이름의 랍비가 있었습니다. 그는 안식일(유대교에서 일요일을 일컫는 말)이 되어 교회에 나가 많은 사람에게 하느님의 말씀을 전하고 있습니다.

그 사이에 집에서는 큰일이 일어났습니다. 랍비가 집을 나올 때까지만 해도 잘 놀고 있던 두 아들이 갑자기 숨이 끊어진 것입니다.

"아니, 세상에! 멀쩡하던 너희들이 죽다니……."

갑작스럽게 일을 당한 랍비의 아내는 아이들의 시체를 2층에 옮겨 놓고 깨끗한 천으로 덮어 주었습니다. 그리고는 두 아들을 한꺼번에 잃은 슬픔에 잠겨 침대 옆에서 흐느껴 울고 있었습니다.

하지만 아이들을 잃었다고 언제까지나 넋을 놓고 울고만 있을 수는 없었습니다. 이 소식을 알면 자기보다 몇 배나 슬퍼할 남편의 얼굴이 떠올랐기 때문입니다.

'남편이 교회에서 돌아오면 이 슬픈 소식을 어떻게 전할까?'

랍비의 아내는 이 궁리 저 궁리를 하였습니다.

賤 천할 천

禮 예절 예

破 깨뜨릴 파

容 얼굴 용

그러는 동안 랍비가 돌아왔습니다. 아내는 슬픈 빛을 감추고 랍비에게 물었습니다.

"당신에게 물어 볼 일이 한 가지 있어요. 솔직하게 대답해 주셔야 해요."

"갑자기 물어 볼 일이라니? 무엇인지 말해 보구려."

"다름이 아니라, 어떤 사람이 오래 전에 저에게 아주 귀중한 보석 두 개를 맡겼답니다. 그런데 어느 날 갑자기 그 보석을 돌려 달라고 하잖아요. 이럴 때 저는 어떻게 하면 좋을까요?"

"별 것 다 가지고 고민하는구려. 그 보석을 주인에게 돌려 주면 그만이잖소."

랍비는 고민거리도 아니라는 투로 선선히 대답했습니다.

그러나 아내는 랍비에게 다시 물었습니다.

"여보, 우리에게 가장 귀중한 보석 두 개라면 무엇이라고 생각하세요?"

"그야 우리가 낳아 키우는 사랑스런 두 아들이지."

"맞아요. 저도 그렇게 생각해요."

"그런데 갑자기 그런 건 왜 물어 보는 거요?"

"여보, 당신이 돌아오기 조금 전에 하느님께서 우리에게 주셨던 귀중한 보석 두 개를 도로 찾아가셨어요."

랍비는 그제서야 아내의 말뜻을 알아차리고는 큰 슬픔에 잠겼습니다. 하지만 잠시 후에 랍비는 아내의 손을 꼭 잡으며 말했습니다.

"당신은 참으로 현명한 나의 아내요."

우리는 살아가는 동안 몹시 슬픈 일이나 난처한 일을 당할 때가 있습니다. 엄청난 물질적 손해를 보는 때도 있지요.

이럴 때, 우리는 현명한 지혜가 필요합니다. 만일 랍비의 아내가 남편에게, "여보, 갑자기 두 아들이 죽었어요. 이제 우리는 어떻게 살아가요?" 하고 물었다면 어떻게 되었을까요?

생각해보기

1. 가정에서 부인이 하는 역할이 무엇인지 생각해 봅시다.

2. 우리 주변에서 화목한 가정을 찾아보고, 그 화목한 까닭이 무엇인지 알아봅시다.

증보편
가르침에 대한 보충

21. 작은 선행의 아름다움

周易曰 善不積이면 不足以成名이요, 惡不積이면
주역왈 선부적   부족이성명   악부적

不足以滅身이어늘 小人이 以小善으로 爲無益而弗爲也하고
부족이멸신   소인   이소선   위무익이불위야

以小惡으로 爲無傷而弗去也니라.
이소악   위무상이불거야

故로 惡積而不可掩이요, 罪大而不可解니라.
고   악적이불가엄   죄대이불가해

履霜하면 堅氷至하나니 臣弑其君하며
이상   견빙지   신시기군

子弑其父는 非一旦一夕之故라.
자시기부   비일단일석지고

其所由來者가 漸矣니라.
기소유래자   점의

책에 모자라는 걸 더 보태는 이야기

≪주역(周易)≫에서 말했다.[1] "선을 쌓지 않으면 족히 이름을 이룰 수 없고, 악을 쌓지 않으면 족히 몸을 망치지 않거늘, 소인은 작은 선을 유익함이 없다 하여 행하지 않고, 작은 악을 해로움이 없다 하여 버리지 않는다. 그러므로 악이 쌓여서 가리지(분별하지) 못하고, 죄가 커져 풀지 못하느니라."

서리를 밟으면 단단한 얼음이 얼 때가 이르나니, 신하가 임금을 죽이고 자식이 아비를 죽이는 짓은 하루 아침 하루 저녁에 이루어지는 것이 아니라, 그 유래(원인)가 점차 이루어진 것이니라.

- 소인(小人) : 도량이 좁고 수양이 적은 사람. 군자(君子)의 반대말.
- 소선(小善) : 작은 착한 일.
- 이상(履霜) : 서리를 밟음.
- 유래(由來) : 사물의 연유하여 온 바 내력.
- 멸신(滅身) : 몸을 망침.

善
착할 선

善

名
이름 명

名

惡
악할 악

惡

無
없을 무

無

 한자의 뜻과 소리

名(이름 명)　　無(없을 무)　　益(더할 익)　　霜(서리 상)
弗(아닐 불)　　去(갈 거)　　　掩(가릴 엄)　　罪(허물 죄)
解(풀 해)　　　履(신 이(리))　堅(굳을 견)　　氷(얼음 빙)
臣(신하 신)　　弑(죽일 시)　　旦(아침 단)　　漸(차차 점)

 보충설명

1. 작은 선을 계속 쌓아 가면 훌륭한 이름을 얻게 되고, 악행은 저지르지 않으면 몸을 망치지 않는다. 흔히 사람들은 작은 선(善)이나 작은 악(惡)을 대수롭지 않게 여긴다. 그러나 선이든 악이든 항상 작은 것에서부터 시작되므로 작다고 대수롭지 않게 여겨서는 안 된다는 뜻이다.

　우리에게 고마움이란 반드시 크지 않아도 된다. 목마른 사람에게는 냉수 한 그릇이 값비싼 금반지보다 더 고마울 수 있다. 그러므로 착한 일은 작은 것을 꾸준히 하는 게 보람된 일이다.

좋은 집을 지어 주게

－정직과 성실이 큰 재산－

　미국 사회에 널리 알려진 이야기 한 토막입니다.
　짐과 톰은 어려서부터 이웃에서 친형제처럼 살았습니다. 그들은 소년기를 거쳐 마침내 훌륭한 청년이 되었습니다.
　성장해서 짐은 목수가 되고 톰은 큰 운수 회사의 사장이 되었습니다. 그러니 짐은 늘 가난을 면치 못하게 되고 톰은 많은 재산을 모아 아주 넉넉하게 살아갔습니다.
　그러던 어느 날, 그들은 오랜만에 만나 이 얘기 저 얘기를 나누었습니다. 이야기를 나눈 뒤 톰은 짐에게 이런 부탁을 하였습니다.
　"짐, 자네의 훌륭한 솜씨로 집을 한 채 지어 주게. 여기 훌륭한 설계도가 있으니 가장 좋은 재료를 써서 좋은 집을 지어 주게나. 집이 다 된 뒤 계산서를 주면 돈은 내가 계산하겠네."
　그러면서 톰은 설계도를 놓고 갔습니다.
　짐은 기쁜 마음으로 일을 착수하였습니다.

허물 죄

얼음 빙

신하 신

아침 단

"고마운 친구구먼. 이 집을 한 채 지으면 돈이 꽤 많이 남겠군!"

짐은 신나게 집을 지었습니다. 처음에는 양심적으로 일을 하였습니다. 그러나 점차 더 많은 이익을 내려는 욕심이 생겼습니다. 그리하여 최고의 재료를 쓰라는 톰의 말을 어기고 값싼 자재를 썼습니다. 목수도 돈을 덜 주려고 서투른 사람을 써서 일을 대강대강 하였습니다.

겉으로는 훌륭해 보였지만 실상은 아주 허술한 집이 되었습니다.

몇 달 만에 집이 완성되었습니다.

"톰, 아주 마음에 들 거야. 집 짓느라 고생을 많이 했다네."

짐은 이렇게 말하면서 집 열쇠와 2만 파운드의 건축 계산서를 내놓았습니다.

톰은 매우 만족스런 표정으로 2만 파운드 수표를 써 주면서 이렇게 말했습니다.

"짐, 열쇠를 잘 간직하게나. 여기 집 소유 증서가 있네. 이 집은 내가 자네에게 주는 선물이니, 아무쪼록 이 집에서 여생을 행복하게 지내길 바라네."

짐은 깜짝 놀랐습니다.

'이럴 줄 알았으면 최고급 자재를 쓰고 정성을 다해 잘 지을걸.'

짐은 자기 손으로 지은 새 집에 들어가 살게 되었습니다.

그 해 겨울이 돌아왔습니다. 습기는 벽에까지 차 오르고, 바람은 벽 틈으로 스며들고, 지붕에서는 비가 새고, 바람에 창이 부서졌습니다.

이런 집에서 여생을 살아야 할 것을 생각하니 앞이 캄캄했습니다. 그리고 고마운 친구 톰에게 미안한 생각이 가시지 않았습니다.

눈보라가 심하게 몰아치던 날, 그 큰 집 지붕이 무너져 내려 결국 짐과 그 가족은 그가 지은 집에 깔려 모두 목숨을 잃었답니다.

정직과 성실이 얼마나 귀중한 재산인가를 가르쳐 주는 좋은 교훈입니다.

1. 이 이야기를 읽고 느낀 점을 말해 봅시다.
2. 사람이 선을 행하고 쌓아야 하는 까닭을 말해 봅시다.

팔반가
여덟 가지 해서는 안될 행위

22. 비교할 수 없는 은혜

幼兒尿糞穢는 君心에 無厭忌로되 老親涕唾零엔 反有憎嫌意니라.
유아뇨분예 군심 무염기   노친체타령 반유증혐의

六尺軀來何處고 父精母血成汝體니라.
육척구래하처   부정모혈성여체

勸君敬待老來人하라. 壯時爲爾筋骨敝니라.
권군경대로래인   장시위이근골폐

看君晨入市하여 買餠又買餻하니 少聞供父母하고 多說供兒曹라.
간군신입시   매병우매고   소문공부모   다설공아조

親未啖兒先飽하니 子心이 不比親心好라.
친미담아선포   자심   불비친심호

勸君多出買餠錢하여 供養白頭光陰少하라.
권군다출매병전   공양백두광음소

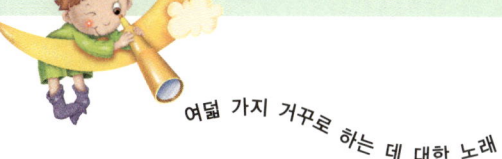
여덟 가지 거꾸로 하는 데 대한 노래

　어린애 오줌 똥의 더러움은 그대 마음에 싫거나 꺼림이 없으되, 늙은 부모님 눈물과 침이 떨어짐은 도리어 미워하고 싫어하는 마음이 있느니라. 여섯 자의 이 몸이 어디에서 왔는가? 아버지의 정(精)과 어머니의 피로써 이루어진 몸이니라.

　그대에게 권하노니, 늙어가는 부모를 공경하라. 젊었을 때 그대를 위해 살과 뼈가 닳으셨느니라.

　그대가 새벽 시장에 들어가 떡을 사는 걸 보니 부모에게 드린다는 소문보다 아이들에게 준다는 말이 많으니라. 어버이는 아직 먹지 않았는데 아이들은 먼저 배부르니, 자식의 마음은 부모의 마음이 좋아하는 것에 비할 수 없느니라. 그대에게 권하노니, 떡 살 돈을 많이 내어 흰 머리에 살 날이 얼마 남지 않은 부모님을 공양하라.

- 공양(供養): 웃어른에게 음식을 대접함.
- 광음(光陰): 밝고 어두움. 시간, 세월.
- 노친(老親): 늙으신 부모님.
- 요분(尿糞): 오줌 똥, 분뇨.
- 백두(白頭): 흰 머리.
- 유아(幼兒): 어린아이.

 한자의 뜻과 소리

兒(아이 **아**)	尿(오줌 **뇨**)	糞(똥 **분**)	厭(싫을 **염**)
穢(더러울 **예**)	忌(꺼릴 **기**)	涕(눈물 **체**)	唾(침 **타**)
意(뜻 **의**)	軀(몸 **구**)	何(어찌 **하**)	精(정기 **정**)
血(피 **혈**)	汝(너 **여**)	體(몸 **체**)	勸(권할 **권**)
壯(씩씩할 **장**)	筋(힘줄 **근**)	骨(뼈 **골**)	敝(해질 **폐**)
爾(너 **이**)	看(볼 **간**)	晨(새벽 **신**)	入(들 **입**)
市(저자 **시**)	買(살 **매**)	餠(떡 **병**)	聞(들을 **문**)
說(말씀 **설**)	曹(마을 **조**)	未(아닐 **미**)	啖(먹을 **담**)
飽(배부를 **포**)	比(견줄 **비**)	光(빛 **광**)	陰(응달 **음**)
供(바칠 **공**)	反(되돌릴 **반**)	憎(미워할 **증**)	
敬(공경할 **경**)	零(떨어질 **령**(**영**))		

 보충설명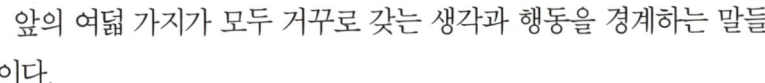

　앞의 여덟 가지가 모두 거꾸로 갖는 생각과 행동을 경계하는 말들이다.
　내 자식(어린아이)의 오줌 똥은 싫어하지 않으면서, 나를 낳고 길러 준 부모님의 눈물이나 침은 더러워하는 게 우리의 마음이니, 이 거꾸로 된 잘못된 행동을 꾸짖고 있다.
　이 글은 어린이보다 어른들에게 이르는 교훈이라고 할 수 있다.

부모님의 사랑

아버지와 어머니는 나를 낳아 주고 길러 주신 분이십니다. 이 세상에 나에게 아무리 고마운 사람이 있다 하더라도 어찌 부모님의 고마움과 은혜에 비길 수 있겠습니까?

우리가 즐겨 부르는 '어머니 은혜'란 노래의 가사를 한 번 되새겨 보겠습니다.

높고 높은 하늘이라 말들 하지만
나는 나는 높은 게 또 하나 있지.
낳으시고 기르시는 어머님 은혜
푸른 하늘 그보다도 높은 것 같아.

넓고 넓은 바다라고 말들 하지만
나는 나는 넓은 게 또 하나 있지.
사람 되라 이르시는 어머님 은혜
푸른 바다 그보다도 깊은 것 같아.

그렇습니다. 부모님의 은혜는 하늘보다 높고, 바다보다

깊은 것입니다.
 그러나 사람이 공기 속에서 살기 때문에 공기의 고마움을 모르듯이, 우리는 늘 아버지 어머니 사랑 속에서 자라고 있기 때문에 부모님의 은혜를 잊어버리기 쉽습니다.

다음 시를 감상해 보세요.

낳으실 제 괴로움 다 잊으시고
기르실 제 밤낮으로 애쓰는 마음
진자리 마른 자리 갈아 뉘시며

손발이 다 닳도록 고생하시네.
하늘 아래 그 무엇이 넓다 하리오.
어머님의 희생은 가이없어라.

어려선 안고 업고 얼러 주시고
자라선 문 기대어 기다리는 마음
앓을 사 그릇될 사 자식 생각에
고우시던 이마 위에 주름이 가득
땅 위에 그 무엇이 높다 하리오.
어머님의 정성은 지극하여라.

사람의 마음 속엔 온 가지 소원
어머님의 마음 속엔 오직 한 가지
아낌없이 일생을 자식 위하여
살과 뼈를 깎아서 바치는 마음
인간의 그 무엇이 거룩하리오.
어머님의 사랑은 그지없어라.

이 노래는 돌아가신 양주동 선생님이 지으신 '어머님의 마음' 이란 시입니다. 정말 부모님은 우리들을 잘 먹이고 잘 키우고 훌륭한 사람을 만들기 위하여 살과 뼈를 깎아서 바치는 고마운 분이십니다.

이러한 부모님의 은혜에 보답하는 길은 무엇일까요?

무엇보다 부모님의 마음을 편안하고, 기쁘게 해 드리는 것입니다.

그러려면 우선 여러분들 자신이 건강해야겠지요. 그 다음에는 여러분이 올바른 생활을 하고 공부를 충실히 하는 것입니다. 또한 사람답게 예의를 지키고 남과 더불어 바른 일, 착한 일을 하는 것이라 믿습니다.

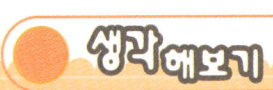

1. 어린 자식의 오줌 똥은 더러워하지 않으면서 늙은 부모의 눈물이나 침을 더러워하는 마음에 대하여 비판해 봅시다.

2. '어머니 은혜' 노랫말에서 지은이는 부모님 은혜를 무엇에 비유하고 있나요?

효행편
부모님께 효도를 다하라는 가르침

23. 살을 베어 바친 아들

尙德이 値年荒癘疫하여 父母飢病濱死라.
상덕   치년황여역   부모기병빈사

尙德이 日夜不解衣하고 盡誠安慰하되 無以爲養이면
상덕   일야불해의   진성안위   무이위양

則刲脾肉食之하고 母發癰에 吮之卽癒라.
즉규비육식지   모발옹   연지즉유

王이 嘉之하여 賜賚甚厚하고 命旌其門하고 立石紀事하니라.
왕   가지   사뢰심후   명정기문   입석기사

 부모님께 효도하는 마음

상덕이 흉년에 전염병이 돌 때, 부모가 굶주리고 병들어 죽게 된지라, 그가 밤이나 낮이나 옷을 벗지 않고 정성을 다해 편안히 위로하되, 봉양할 것이 없으면 자신의 넓적다리 살을 베어 잡수시게 하고, 어머니가 종기가 나자 그 곳을 입으로 빨아서 낫게 하였다.

임금이 이 소문을 듣고 가상히 여겨 후한 상을 내리고 명하여, 그 마을에 정려문(旌閭門)을 세우게 하고 비석을 세워 이 일을 기록하게 하였느니라.

- 기병(飢病): 굶고 병듦.
- 빈사(瀕死): 거의 죽게 된 지경에 이름.
- 안위(安慰): 마음을 위로하고 몸을 편히 함.
- 육식(肉食): 고기를 먹음.
- 입석(立石): 비석을 세움.

年 해 년
年
荒 거칠 황
荒
死 죽을 사
死
肉 고기 육
肉

 한자의 뜻과 소리

年(해 년)　　荒(거칠 황)　　疫(질병 역)　　病(병 병)
濱(물가 빈)　　死(죽을 사)　　誠(정성 성)　　發(필 발)
慰(위로할 위)　刲(벨 규)　　肉(고기 육)　　賜(줄 사)
卽(곧 즉)　　癰(종기 옹)　　吮(빨 연)　　賚(줄 뢰(뇌))
甚(심할 심)　　石(돌 석)　　紀(벼리 기)　　癒(병나을 유)
癘(돌림병 려(여))　　　　　　嘉(아름다울 가)

 참고자료

① 상덕(尙德) : 신라 때 사람으로 효행이 지극하여 이름이 높았다고 한다.

 보충설명

이 글의 주인공 '상덕'이란 효자는 부모님의 병을 고치고 건강의 회복을 위해 자신의 허벅다리를 베어 구워 드렸다는 이야기다.

현실적으로 거의 불가능한 일이지만, 그 만큼 부모님을 위하는 효성을 우리는 깊이 생각해야 한다.

오늘날은 엄마 아빠 말씀만 잘 듣는 아들 딸이 되어도 효자가 된다.

할아버지를 져다 버린 지게

아주 옛날 이야기입니다.

어떤 고을에 불효막심한 부부가 늙고 병든 아버지를 모시고 살았습니다.

그 부부는 늙은 아버지가 사랑방에 누워 오래도록 앓는 것이 몹시 귀찮고 못마땅했습니다. 마음 속으로 늘,

'저 늙은이가 빨리 죽었으면 얼마나 좋을꼬?'

하고 생각하는 불효자였습니다.

시아버지가 방에 누워,

"어멈아, 요강 좀 갖다 다오."

하고 잔심부름을 시키면 며느리는 몹시 귀찮아하며 투덜거렸습니다. 그러나 손자인 봉수에게,

"애야, 내 등허리 좀 긁어 다오. 왜 이리 가려우냐?"

하고 시키면, 손자는 고분고분하게 말을 잘 들었습니다.

어느 날 밤, 아버지는 술을 잔뜩 마시고 돌아와 봉수에게 말했습니다.

"애, 봉수야. 너 내일 아침 할아버지를 지게에 져다 깊은 산 속에 버리고 오너라."

봉수는 아버지 말을 듣고 밤새 한잠도 못 잤습니다. 세

卽 곧 즉
卽
母 어미 모
母
命 목숨 명
命
石 돌 석
石

상에, 아무리 병들어 귀찮게 누워 있다 한들 아버지를 낳아 길러 주신 할아버지를 산 속에 져다 버리다니요!

봉수는 다음 날 아침 할아버지를 지게에 지고 산 속으로 들어갔습니다. 할아버지는 말도 못하고 슬피 울기만 했습니다.

그 때 봉수가 말했습니다.

"할아버지, 너무 슬퍼 마세요. 제가 할아버지를 금방 다시 모시러 오겠어요."

"네가? 네가 무슨 재주로……."

"할아버지, 제게도 생각이 있습니다."

봉수는 큰 나무 밑에 할아버지를 내려놓고는 그 지게를 걸머메고 다시 집으로 돌아왔습니다.

"아버지, 할아버지를 져다 버리고 왔어요."

봉수는 큰 소리로 말하며 지게를 마당에 '쿵' 하고 내려놓았습니다. 이 광경을 본 아버지가 소리를 버럭 질렀습니다.

"야, 이 녀석아! 지게까지 버리고 와야지. 그 더러운 지게는 왜 도로 지고 왔느냐?"

"지게를 버리다니요? 아버지 어머니가 늙으면 또 져다 버려야지요."

"뭣이! 아비도 늙으면 져다 버린다고?"

그 부부는 아들의 말을 듣고 크게 놀라며 뉘우쳤습니다. 그리고 늙은 아버지를 다시 모셔 와 지성으로 효도를 다했다고 합니다.

1. 상덕의 효행을 글의 순서대로 이야기해 봅시다.

2. 옛날 사람들이 정려문을 세운 까닭은 무엇인지 말해 봅시다.

염의편
염치와 의리에 관한 가르침

24. 염치와 의리

印觀이 賣綿於市할새 有暑調者以穀買之而還이러니
인관 매면어시   유서조자이곡매지이환

有鳶이 攫其綿하여 墮印觀家어늘 印觀이 歸于署調曰
유연 확기면   타인관가   인관 귀우서조왈

鳶墮汝綿於吾家라. 故로 還汝하노라.
연타여면어오가   고로 환여

署調曰 鳶攫綿與汝는 天也라. 吾何爲受리오.
서조왈 연확면여여   천야   오하위수

印觀曰 然則還汝穀하리라.
인관왈 연즉환여곡

署調曰 吾與汝者가 市二日이니 穀已屬汝矣라 하고
서조왈 오여여자 시이일   곡이속여의

二人이 相讓하다가 幷棄於市하니 掌市官이 以聞王하여 並賜爵하니라.
이인 상양   병기어시   장시관   이문왕   병사작

염치와 의리는 사람의 도리

　인관(印觀)이 장에 나가 솜을 파는데 서조(署調)라는 사람이 곡식을 주고 솜을 사 가지고 집으로 돌아가고 있었다. 그 때, 솔개가 그 솜을 낚아채 인관의 집에 떨어뜨렸다.

　인관이 서조에게 솜을 돌려 보내며 말하기를, "솔개가 당신 솜을 내 집에 떨어뜨렸기에 다시 돌려 보내오." 하니,

　서조가 말하기를, "솔개가 솜을 당신에게 준 것은 하늘이 한 것이니 어찌 내가 받겠소?" 하였다.

　인관이 말하기를, "그렇다면 솜값으로 받은 곡식을 돌려 드리리다." 하자, 서조는 "내가 당신에게 준 지가 두 장(10일)이 지났으니 곡식은 당신 것이오." 하였다.

　그리하여 두 사람이 서로 사양하다가 솜과 곡식을 다 함께 장에 버리니, 장을 관리하는 관원이 이 사실을 임금께 보고하자 임금은 두 사람에게 벼슬을 내렸다고 한다.

- 매면(賣綿) : 솜을 팖.
- 염치(廉恥) : 청렴하여 부끄러움을 아는 마음.
- 의리(義理) : 사람으로써 지켜야 할 도리.
- 상양(相讓) : 서로 양보함.
- 장시관(掌市官) : 시장을 돌보는 관리.

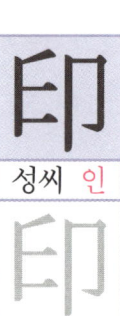

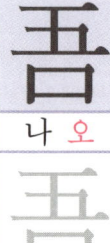

 **한자의 뜻과 소리**

印(성씨 인)　　觀(볼 관)　　綿(솜 면)　　暑(더울 서)
調(고를 조)　　穀(곡식 곡)　　還(돌아올 환)　　鳶(소리개 연)
墮(떨어질 타)　　吾(나 오)　　攫(붙잡을 확)　　然(그러할 연)
已(이미 이)　　棄(버릴 기)　　讓(사양할 양)　　并(아우를 병)
爵(벼슬 작)　　掌(손바닥 장)　　竝(아우를 병)　　屬(속할 속)

 **보충설명**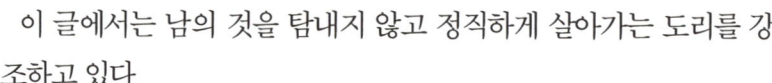

　이 글에서는 남의 것을 탐내지 않고 정직하게 살아가는 도리를 강조하고 있다.
　우리 사회에 종종 일어나는 소송 사건(잘잘못을 법에 호소하여 재판을 거는 일)과 대조되는 아름다운 일이라 할 수 있다.
　무서운 법이 있어도 지켜지지 않고, 온갖 사기와 폭력이 들끓는 오늘날의 우리에게 큰 교훈이 되는 이야기다.

욕심쟁이의 후회

 술을 먹고 길을 가다가 스무 냥이 든 돈주머니를 잃어버린 사람이 있었습니다. 그 사람은 곧바로 원님에게 달려가 돈을 찾아 달라고 부탁하였습니다.

 그런데 다행히도 돈주머니를 주워서 원님에게 가져온 착한 사람이 있었습니다. 얼마나 다행한 일입니까?

 그 순간 돈주머니를 잃어버린 사람은 나쁜 마음이 생겼습니다.

 '저 사람은 돈을 많이 가진 것 같으니 돈을 더 받아 내야지!'

이렇게 생각하고 원님 앞에 나아가 말했습니다.

"사또, 제가 다시 생각해 보니 술을 먹은 김에 주머니에 든 돈을 잘못 말한 것 같습니다. 스무 냥이 아니라 서른 냥이었습니다."

"무엇이라고? 잃어버린 돈주머니에 서른 냥이 들었다고?"

"네, 분명 서른 냥입니다."

원님이 이번에는 돈을 주워 온 사람에게 물었습니다.

"네가 돈을 주운 곳이 이 사람이 잃었다는 곳과 같단

并 아우를 병
并
棄 버릴 기
棄
聞 들을 문
聞
王 임금 왕
王

염의편 · 169

말이지?"

"그렇습니다요."

"그러면 이 주머니에 돈이 스무 냥인 것을 언제 알았느냐?"

"저는 돈을 주워서 곧바로 가져왔으므로 도중에 돈이 축날 일이 없습니다. 바로 원님 앞에서 열어 본 것이 처음인뎁쇼."

이 말을 듣고 보니 원님은 돈을 잃어버렸다는 자가 괘씸하게 여겨졌습니다.

원님은 잠시 후 입을 열었습니다.

"허허, 참 어려운 일이로다. 한 사람은 돈주머니에 돈이 서른 냥 들었다고 하고, 또 한 사람은 스무 냥이 들었다고 하니, 누구 말을 믿어야 할지 모르겠구나! 허나, 내 말을 똑똑히 듣거라!"

"네, 사또!"

"주머니란 똑같은 것이 여러 개 있을 수 있다. 그리고 돈의 액수가 틀린 것은 돈 임자가 아직 안 나타난 게 분명하다. 그러므로 돈을 잃었다는 너는 서른 냥이 든 돈주머니를 주운 사람이 나타날 때까지 여기서 기다리도록 하여라."

욕심쟁이 돈 임자는 간이 덜컥 내려앉았습니다.

"그리고 돈 스무 냥을 주운 너는 스무 냥 임자가 나타날 때까지 네가 가지고 기다려라. 한 이틀 기다려도 주인이 안 나타나면 그 스무 냥은 네 돈이 되는 것이니라."

원님은 이렇게 판결을 내렸습니다. 이 말을 듣고 돈 임자는 얼른 둘러댔습니다.

"워~원님, 아까는 제가 술이 덜 깨서 말을 잘못한 것 같습니다. 다시 생각하니 제 돈은 스무 냥이 맞습니다. 그러니 이 돈주머니를……."

"네 이놈!"

원님은 화를 버럭 내면서 소리쳤습니다.

"네 술은 필요할 때마다 깼다가 취했다가 한단 말이냐? 너는 돈만 알아보지만 우리는 사람을 알아본다. 썩 물러가지 못할까?"

길에서 돈을 주워 온 착한 사람은 원님이 준 돈 스무 냥을 받아 가지고 집으로 돌아갔답니다.

1. 앞에 나오는 '인관'과 '서조'라는 사람의 정직한 마음에 대하여 이야기해 봅시다.

2. <욕심쟁이의 후회>에서 욕심쟁이는 어떤 일을 당하게 되었나요?

25. 작은 물이 강을 이루니

❶ 朱子曰 勿謂今日不學而有來日하며 勿謂今年不學而有來年하라.
주자왈 물위금일불학이유래일   물위금년불학이유래년
日月逝矣라 歲不我延하니 嗚呼老矣라 是誰之愆고.
일월서의   세불아연   오호노의   시수지건

❷ 荀子曰 不積蹞步면 無以至千里요,
순자왈 부적규보 무이지천리
不積小流면 無以成江河니라.
부적소류 무이성강하

사람은 왜 배워야 하는가

주자(朱子)가 말하였다.[1] "오늘 배우지 않으면서 내일이 있다고 말하지 말며, 금년에 배우지 않으면서 내년이 있다고 말하지 말라. 날이 가고 달이 가니 세월은 나를 기다려 주지 않는다. 오호, 벌써 늙었도다. 이게 누구의 허물인가!"

순자(荀子)가 말하였다.[2] "반 걸음을 쌓지 않으면 천 리 길에 이르지 못하고, 작은 물을 모으지 않으면 큰 강을 이루지 못하느니라."

- 금일(今日): 오늘.
- 금년(今年): 올해.
- 일월(日月): 해와 달, 세월.
- 부적(不積): 쌓지 않음.
- 강하(江河): 강물.

권학편 · 175

이제 금

배울 학

올 래

걸음 보

 한자의 뜻과 소리

謂(이를 위)　今(이제 금)　學(배울 학)　逝(갈 서)
歲(해 세)　我(나 아)　延(끌 연)　呼(부를 호)
誰(누구 수)　愆(허물 건)　荀(풀 이름 순)　硅(반 걸음 규)
步(걸음 보)　江(강 강)　河(강 이름 하)　流(흐를 류(유))

 참고 자료

❶ 주자 : 중국 남송(南宋)의 사상가. 자는 원회(元晦)·중회(仲晦), 호는 회암(晦庵). 주자학을 구축하였다. 시호는 문공(文公)이다.

❷ 순자 : BC 3세기경의 중국 사상가. 이름은 황(況). 조(趙)나라 사람으로, 50세 무렵에 제나라에서 유세하여, 직하(稷下)에 모였던 학자들 사이에서 장로로 존경받았다. 그러나 모략으로 인해 초나라로 옮긴 후 춘신군(春申君)에 의해 등용되어 난릉(蘭陵 ; 현재의 산둥성 남부)의 지사가 되었다. 그러나 BC 238년 춘신군이 암살당하자 관직에서 물러나 난릉에서 여생을 마쳤다.

 보충설명

1. 나이가 어렸을 때는 시간이 많다고 생각하지만 빠른 것이 세월이다. 어렸을 때 부지런히 공부하지 않으면 늙어서 후회한다는 뜻이 담겨 있다. 그러므로 오늘 일을 내일로 미루고, 금년에 해야 할 일을 내년으로 미루면 안 된다는 말이다.

2. '천 리 길도 한 걸음부터 시작된다.'는 말이 있듯이, 아무리 큰 일이라도 시작은 지극히 작은 것임을 알아야 한다는 말이다.

쇠절굿공이를 가는 할머니

중국 당나라 때 유명한 시인이 있었습니다. 이름은 이백이라고 합니다. 이백 시인을 보통 이태백이라고 부르지요.

이백이 젊어서 아직 벼슬길에 오르지 못하고 있을 때였습니다. 그가 깊은 산 속 절간에서 공부를 하는데, 노력하는 만큼 공부는 잘 되지 않고 세월만 흘러가 마음이 몹시 초조해 견딜 수가 없었습니다.

"내 주위의 친구들은 모두 성공하여 벼슬길에 올랐는데, 나는 이게 뭐야? 아직 아무것도 이루어 놓은 것이 없으니……."

이백은 공부에 싫증이 나서, 그것을 견디지 못해 마침내 공부를 중단하기로 결심하고 펼쳐 놓았던 책을 덮었습니다. 그리고 스님을 찾아 뵈었습니다.

"스님, 그 동안 많은 신세를 졌습니다."
"아니, 왜 공부를 그만두려고 그러는가?"
"네, 저는 아마 학문과는 인연이 없는가 봅니다. 차라리 고향에 돌아가 아버님 일을 도우며 농사나 지을까 합니다."

"가겠다는 사람을 억지로 잡지는 않겠네. 그러나 반드시 후회할 날이 올 거야."

"스님, 그 동안 감사했습니다. 안녕히 계십시오."

이백은 짐을 싸들고 절을 나섰습니다. 고향으로 돌아가려고 산을 내려가는데 길가에서 한 노파를 만났습니다.

그 노파는 커다란 쇠절굿공이를 돌에다 갈고 있었습니다.

'아니, 저 단단한 쇠절굿공이를 돌에 문지르고 있다니! 저 늙은이가 망령이 들었나?'

이상하게 생각한 이백은 걸음을 멈추고 그 노파를 유심히 바라보다가 물었습니다.

"대관절 무엇에 쓰려고 그것을 갈고 있소?"

그러자 노파가 대답하였습니다.
"갈아서 바늘을 만들 작정이오."
'쯧쯧쯧, 할머니가 노망이 났구먼.'
이백은 혼자 중얼거리며 그 자리를 떠나 오는데, 한참 길을 걷다가 갑자기 발걸음을 멈추고 생각에 잠겼습니다.
'아니야! 노파가 돌에다 쇠절굿공이를 가는 데는 반드시 곡절이 있을 거야.'
노파의 행동은 무엇인가 자기에게 가르침을 주고 있는 것 같았습니다. 그래서 잰 걸음으로 다시 되돌아갔는데 노파는 온데간데없었습니다.
'아, 내가 노력이 부족했구나. 지금까지 공부한 것보다 몇 배의 노력을 더해야 성공할 수 있겠어. 다 늙어 죽을 날이 가까운 노파도 쇠절굿공이를 갈아서 바늘을 만들고 있지 않은가.'
이백은 그 길로 다시 산으로 올라가 새로운 마음으로 공부에 열중하여 마침내 당나라에서 제일 가는 시인이 되었답니다.

생각해보기

1. 쇠절굿공이를 갈아 바늘을 만드는 할머니가 이백에게 준 교훈을 이야기해 봅시다.

2. 부모님이나 선생님께서 공부를 열심히 하라고 권하는 까닭을 이야기해 봅시다.

명심보감 속의 "명언"들

- 그릇도 차면 넘치고, 사람도 차면 잃게 된다.

- 글을 읽는 것은 집안을 일으키는 근본이요, 도리를 따르는 것은 집안을 보존하는 근본이다. 근검은 집안을 다스리는 근본이요, 온화하고 유순한 것은 집안을 정제하는 근본이다.

- 참고 또 참으며, 경계하고 또 경계하라. 참지 않고 경계하지 않으면 작은 일도 크게 된다.

- 하루라도 마음이 맑고 편안하다면 그 하루는 신선이 된 것이다.

- 한 가지 일을 경험하지 않으면, 한 가지 지혜도 자라지 않는다.

- 한마디 말이 이치에 맞지 않으면, 천 마디 말도 쓸모없다.

- 한 자나 되는 구슬을 보배로 여기지 말고, 한 치의 시간을 다투라.

- 황금이 귀한 것이 아니다. 편안하고 즐거운 삶이 값진 것이다.

- 황금 천 냥이 귀한 것이 아니다. 남의 말 한 마디 듣는 것이 천금보다 낫다.

- 마음이 편안하면 초가집도 편안하고, 성품이 안정되면 나물국도 향기롭다.

- 만약 남이 나를 소중히 여겨주기 바란다면, 내가 먼저 남을 소중히 여기는 것보다 나은 것은 없다.